すぐ実践できる！
アクティブ・ラーニング
高校 理科

シリーズ編集 **西川 純**

著者 **大野智久・菊池 篤**

学陽書房

まえがき

● 大変革が始まった

　アクティブ・ラーニングという言葉がこの１年で急激に広がりました。その広がり方は「言語活動の充実」の時とはまったく違います。たとえば、言語活動の充実の時は、「ま、話し合い活動を増やせばいいのね。じゃあ、大丈夫」という雰囲気がありました。

　しかし、今回は違います。新学習指導要領の答申の出る数年も前からアクティブ・ラーニングは大きな話題になり始めました。

　一方で、地方の教育委員会の中には、「アクティブ・ラーニングは今までの実践の延長上にあります（つまり、少しやればいい）」と言ったり、はては「アクティブ・ラーニングは既に我々のやっている実践です（つまり、何もしなくてもいい）」と言ったりしています。「言語活動の充実」が学習指導要領に謳われた時には「言語活動の充実は今までの実践の延長上にあります」と言ったり、はては「言語活動の充実は既に我々のやっている実践です」と言ったりはしなかったと思います。「言語活動を充実しましょう」と指導していたはずです。なぜ、今回は違うのでしょうか？

　怖いのです。今回のアクティブ・ラーニングはその程度では済まないことを地方の教育委員会も感じているからです。

　日本の学校教育は今までに二度、大きな変革がありました。

　第一は、近代学校教育制度が成立した明治の初めです。第二は、終戦直後、戦後教育の誕生です。そして今回は、その二つに匹敵するほどの

大きな改革になります。今までの「総合的な学習の時間」の導入、「言語活動の充実」、また、「道徳の教科化」とはレベルの違う改革です。

　それは近代学校教育制度が成立した根幹を根本的に変える大改革なのです。

● あなたがキーパーソン

　本書を手に取っている方は、そのようなことを感じられるアンテナを持っている方だと思います。そして、アクティブ・ラーニングの本や雑誌を読み、対応すべきであることを理解している方です。

　しかし、アクティブ・ラーニングに対応できそうな単元は思いつくが、逆に、アクティブ・ラーニングでどのように指導したらよいかイメージができない単元もあると思います。1年間の指導をバランスよくトータルにアクティブ・ラーニングで指導するには、さまざまな単元、場面での指導の実際を知る必要があります。

　本書はそうしたあなたのための本です。

　本書ではアクティブ・ラーニングで理科の教科指導をしている高校の先生方の実践のノウハウを紹介しております。ぜひ、参考にしてください。使えるならば、そのまま使ってください。どうぞ。

　しかし、アクティブ・ラーニングは実は自由度の高いものです。本書を通してさまざまな実践を知ることによって、「あなた」独自のものを生み出してください。本書はそのきっかけになると思います。

　さあ、始めましょう！

上越教育大学教職大学院教授

西川　純

一斉授業と
アクティブ・ラーニングの違いって？

▶ 一斉授業の場合

- 教師が一方的に講義をし、生徒は静かに座っているのが望ましい。
- 教師のペースで授業が進む。生徒は黙っている。
- わからない生徒がいても授業は進む。

▶ アクティブ・ラーニングの場合

- 教師は課題を与え、生徒は生徒同士で教え合い、学び合う。
- 生徒は能動的に動き、他の子に教えたり、質問したりする。
- わからない生徒は、わかるまでクラスメートに聞くことができる！

アクティブ・ラーニングの授業を見てみよう！

1 授業開始

高校の教室。授業開始です。まず、教師が手短にこの授業時間での課題と目標を伝えます。課題は黒板に板書したり、プリントを渡したりして、生徒が明確にわかるようにします。写真では生徒同士の組み合わせをトランプで決める提案を教師が話しています。

2 「さあ、どうぞ！」で動き始める

今回はトランプで一緒に学ぶメンバーを決めることになり、配られたトランプをもとに「さあ、どうぞ！」の教師の声で生徒たちが動き始めます。生徒が課題に取り組む活動時間を最大限確保することが大事です。活動時間が長いほど学習効果は倍増します。

❸ グループが生まれる

生徒は今回は配られたトランプの数字の一致するメンバーとグループをつくり、最初は自分で課題を解き始めます。

だんだん、「わからないから教えて」「ここってどうするの？」など生徒同士で学び合ったり、教え合ったりし始めます。

❹ 関わり合って学んでいく

机の位置取りも自由に生徒が決めていきます。

生徒の間では毎時間さまざまな組み合わせで学び合う姿が見られます。

教師は全体の様子を見ながら進行状況などについて声をかけたり質問に答えたりします。

5 生徒自身ですべて進めていく

生徒同士で時間を管理し、どんどん課題を進めていきます。どんな資料を使うのか、スマホを使用するかなども生徒にゆだねられています。

こうしたアクティブ・ラーニングの授業を繰り返すうちに、生徒はどんどん自分の学びや他のメンバーの学びをよりよくするための戦略を考えるようになります。
そして、他者と関わり合いながら課題を発見したり、課題を解決したりする力がみるみる伸びていきます。
アクティブ・ラーニングの授業は実はカンタンに取り組めます！ ぜひ本書を読んで、トライしてみてください！

すぐ実践できる！　アクティブ・ラーニング　高校理科

CONTENTS

まえがき　2

一斉授業とアクティブ・ラーニングの違いって？　4

アクティブ・ラーニングの授業を見てみよう！　5

CHAPTER 1　アクティブ・ラーニングってどんな授業？

1　アクティブ・ラーニングとは何か？　14

2　アクティブ・ラーニングがいまなぜ必要か
　　〜教育改革を見据えて心の準備　16

「アクティブ・ラーニング」の風景　18

3　大学入試改革はもう始まっています　20

4　高校理科はどう変わる？
　　〜コンピテンシーベースと探求型学習　22

5　アクティブ・ラーニングの基本的な考え方
　　〜『学び合い』に基づく３つの観　24

6　アクティブ・ラーニングの実際の授業を見てみよう！　26

7　アクティブ・ラーニングへの生徒の感想　28

8　アクティブ・ラーニングへの先生の感想　30

COLUMN　『学び合い』によるアクティブ・ラーニングの「学校観」と「子ども観」　32

CHAPTER 2 アクティブ・ラーニングの基本的な考え方と課題の具体例

1 「目標」を中心に授業をデザインする　34

2 「評価」は「目標」と連動する　36

3 「活動」をデザインする　38

4 単元を丸ごとまかせる　40

5 基本的な文章や問いを使って基礎的な概念を獲得するための課題（クローズな課題）　42

6 計算などを伴い明快な解が存在する課題　44

7 文章を読み解きながら自由に考察させるための課題（オープンエンドな課題）　46

8 ワークシートの構成要素　48

9 課題作成の手法　50

10 物理基礎のワークシート例　54

11 化学基礎のワークシート例　58

12 地学基礎のワークシート例　62

13 アクティブ・ラーニング授業手法① 自分たちで授業をつくる　64

14 アクティブ・ラーニング授業手法② ディスカッション　66

15 アクティブ・ラーニング授業手法③ プロジェクト学習　68

COLUMN アクティブ・ラーニングはなんでもアリではない　70

CHAPTER 3 アクティブ・ラーニングの授業の実際

1 アクティブ・ラーニングをなぜするのか生徒に伝えよう　72

2 状況によって、生徒に語る内容を変えよう　1　74

3 状況によって、生徒に語る内容を変えよう　2　76

4 はじめてアクティブ・ラーニングをやってみるときの工夫　78

5 ICT機器を活用しよう　～上手なつき合い方を学ぶ　80

6 ICT機器の限界も生徒に教えよう　82

7 評価の位置づけを考えてみよう　～評価は学びの潤滑油　84

8 達成度と学びの質を評価しよう　86

COLUMN　これからの教師の職能とは何か？　90

CHAPTER
4　授業を振り返り、生徒の反応を見取ろう

1 明日からアクティブ・ラーニングをやってみよう
～兎にも角にもまずは実践　92

2 教室、生徒の様子を振り返ってみよう　～次の一手を考えるために　94

3 教師として学び、成長するために　～実践と理論の往還　96

4 教師の学びを促すリフレクション
～コルトハーヘンのALACTモデル　98

5 教室の様子を見取ろう　～安心感の上にある学び　100

6 教員の役割の変化を認識しよう　102

7 よくある教師の思い込み　104

8 自分の中の思い込みに気づく　106

9 生徒の変化を気長に待とう　108

10 仲間をつくろう、後輩と話そう　～『学び合い』のある職員室に　110

COLUMN　アクティブ・ラーニングは方法ではない。教師の腹が成功のカギ　112

CHAPTER 5 定期考査と振り返りを活用しよう！

1. 考査問題の作成　114
2. PDCAサイクルとは　118
3. 考査結果の分析　120
4. 授業アンケートの作成と分析　124
5. 「振り返りシート」を活用した日々の振り返り　130

COLUMN 評価はどうすればいいのか　134

CHAPTER 6 探求をさらに深める アクティブ・ラーニング授業の可能性

1. アクティブ・ラーニング型授業と探究活動の関係　136
2. 「問い」をつくる　138
3. 探究活動の例：細胞の観察　140
4. 仮説・実験計画を立てる　144
5. 実験手法を基に実験計画を立てる　146
6. 高い成果よりもまずは経験を　148
7. 本格的な探究活動　150
8. プレゼンテーションの重要性　152

読書ガイド　154

CHAPTER

1

アクティブ・ラーニングって
どんな授業？

STEP 1 アクティブ・ラーニングとは何か？

\ 文科省が定義するアクティブ・ラーニング /

　ここ2、3年で急速に「アクティブ・ラーニング」という言葉を耳にするようになりました。関連する研究会やセミナーなども数多く開かれ、学校においても「アクティブ・ラーニングを取り入れよう」という動きが起きています。しかし、「アクティブ・ラーニングって何なの？」と素朴に疑問に思われている方も多いのではないでしょうか。

　「アクティブ・ラーニング（「・」を含む）」という言葉はもともと文部科学省が以下のように定義したものであり、次期学習指導要領では「どのように学ぶか」という視点でほぼ間違いなく導入されるものです。

　「教員による一方向的な講義形式の教育とは異なり、学修者の能動的な学修への参加を取り入れた教授・学習法の総称。学修者が能動的に学修することによって、認知的、倫理的、社会的能力、教養、知識、経験を含めた汎用的能力の育成を図る。発見学習、問題解決学習、体験学習、調査学習等が含まれるが、教室内でのグループ・ディスカッション、ディベート、グループ・ワーク等も有効なアクティブ・ラーニングの方法である」（「新たな未来を築くための大学教育の質的転換に向けて〜生涯学び続け、主体的に考える力を育成する大学へ〜（中央教育審議会答申）」より）。

　平成28年8月26日に出された「次期学習指導要領等に向けたこれまでの審議のまとめ」では、よりシンプルに「主体的・対話的で深い学び」を目指すものとして述べられています。つまり、生徒が主体的・対話的

に深く学べば、独自の手法を用いたアクティブ・ラーニングが可能であるということです。

　本書では、この定義に基づいたシンプルで、効果の高い『学び合い』による授業を紹介します。

＼「学び」の原点に戻ってみる ／

　みなさんが高校生の頃受けた「よい授業」とはどのようなものでしょうか。わかりやすく、おもしろく教えてくれる授業や、入試問題が解けるようにポイントを教えてくれる授業、知的好奇心を引き出してくれる授業など人によってさまざまだと思います。これらの授業像の共通点は、教師に対して何かを「してくれる」ことを期待していることです。これまでの授業において、生徒であった私たちは無意識に受動的になっていたのかもしれません。そのような授業に代わる、より能動的な生徒を育む授業とはどのようなものでしょうか。

　これから説明するアクティブ・ラーニング型授業での教師や授業の役割、あり方、考え方は読者のみなさんのそれとはかなり異なる可能性があります。とくに、高校の教師の場合、生徒により専門的な知識を教授することが職能であると考えていらっしゃる方は多いと思います。アクティブ・ラーニングにおける教師の仕事は、知識を伝達することが主ではなく、人間が本来持っている「学ぶ」という行為をつぶさずに見守り、他者と共存する力を自然につけさせるための場をつくることです。

　「学ぶとはどういうことか？」。この根本的な問いを大切にしながら、「学び」の原点に戻ってみるつもりで読み進めていただけたら幸いです。また、読者のみなさまそれぞれがお持ちの授業観にとらわれず、書かれていることを鵜呑みにもせず、クリティカルな視点も忘れないでほしいと願います。

（菊池篤）

STEP 2 アクティブ・ラーニングが いまなぜ必要か
～教育改革を見据えて心の準備

＼ どんな教育改革が計画されているのか ／

　日本において、教育の大枠を定めているのは教育基本法や学校教育法などの法律です。これらの法律に基づいて日本の教育の具体的な枠組みを定め、運営しているのが文部科学省です。

　文科省はいまの日本にどのような課題があり、今後どのような教育が必要であるか議論し、数十年先までを見据えて教育の方向性を決めています。そして、いま「戦後から続く日本の教育システムを改革していく必要性」を社会へ強く発信しています。なぜ教育改革が必要か、これまでの教育システムの課題とは何かについて、文科省の公文書にはその根拠が記されています。

　とくに中央教育審議会の答申（中教審答申）は日本の教育政策に非常に大きく寄与しています。そのため、教育現場で働く我々教員にとって、中教審答申から文科省の今後の動向を知ることは教員としての仕事のあり方を考えるきっかけになるのではないでしょうか。

　以下に近年出されたアクティブ・ラーニングに関係する答申を挙げます。これらはインターネットで検索すれば簡単に情報を得ることができますので、すべてを読まないにしても、アンテナを張っておくことは無駄ではないと思います。

　「新たな未来を築くための大学教育の質的転換に向けて～生涯学び続け、主体的に考える力を育成する大学へ～（H24.8.28）」
　「新しい時代にふさわしい高大接続の実現に向けた高等学校教育、大

学教育、大学入学者選抜の一体的改革について（H26.12.22）」

「子供の発達や学習者の意欲・能力等に応じた柔軟かつ効果的な教育
システムの構築について（H26.12.22）」

もともとアクティブ・ラーニングは大学教育について出されたもので
したが、それが大学入試、高校、中学校、小学校と降りてきた経緯がう
かがえます。

さらに、平成27年12月21日には以下の3つの答申が一度に出され
ました。

「新しい時代の教育や地方創生の実現に向けた学校と地域の連携・協
働の在り方と今後の推進方策について」

「チームとしての学校の在り方と今後の改善方策について」

「これからの学校教育を担う教員の資質能力の向上について～学び合
い、高め合う教員養成コミュニティの構築に向けて～」

ここに、次期学習指導要領（高校は平成34年度から年次進行により実
施予定）が加わり、教育改革を進めていく計画が既に決められています。

＼ グローバル化と技術による社会変化に対応するために！ ／

文科省のこの大きな改革は、次ページでまとめたような現在の急激で
厳しい社会変化に対応しようとするものです。近年の情報・技術革新の
スピードは、めまぐるしい時代の変化を引き起こしています。これから
の時代を生きていくために何を準備すればよいのでしょうか。このよう
な現実的な課題に現場の教員が無頓着ではあまりにも無責任のように思
います。

これまでの高度経済成長期に象徴される（大学入試を主眼に置いた）
過度な競争を勝ち抜く力というよりも、膨大なコンテンツから生まれる
多様な価値観の中で、自ら問題意識を持ち、他者と協働してそれらを解
決していく力を育んでいく必要があるのかもしれません。

（菊池篤）

教育改革の背景

2020年　景気のピークと雇用制度の改革

　東京オリンピックの開催が予定されているこの年までに、景気はピークに達し、その後の不景気の影響により、就職氷河期を迎える可能性があります。

　また、この年を境に、雇用制度の大改革が行われる可能性も示唆されています。つまり、終身雇用、年功序列などの日本で長らく守られてきた制度がなくなるというのです。その代わり、その人が持っている専門性を活かすジョブ型雇用が主になるといわれています。つまり、採用試験では「何ができるのか」を見られ、会社が求めるスキルを有する人が採用されるのです。

　大学全入時代に突入して長らく時間が経ちましたが、依然として大学進学だけを意識した進路指導をしている学校が後を絶ちません。2020年に大学を卒業する世代にとって、このことは進路を考える大きな判断材料になるでしょう。

2030年　生産年齢人口の減少と超高齢社会

　日本の全人口は2008年をピークに減少しているにもかかわらず、65歳以上の高齢者の割合は急激に増加し続けています。

　2030年には、団塊ジュニア世代（1970年代半ば生まれ）が高齢に差し掛かり、日本は3人に1人が高齢者という「超高齢社会」になるといわれています。これは、世界史上誰も経験したことのない、未知の領域であり、非常に深刻な問題です。この大量の高齢者を支えていかねばならないのが、現在の子どもたちなのです。

　社会を支える生産年齢人口は第二次ベビーブームから減少の一途をたどった出生率によって、この先も先細りです。それがこの深刻さを生み出す要因でもあります。さらに、若い労働者層が地方から東京へと流出し、

地方の高齢化は都市部の比にならない程深刻です。これによって地方消滅の危機に瀕しています。

2045年　人工知能が人間の脳を超える

　人工知能は凄まじいスピードで発展しており、このままいけば2045年には人間の脳を超えるといわれています。つまり、これまで人間の知能によって発展してきたテクノロジーが頭打ちになることを意味します。そこに至るまでにも、現在ある多くの職業がロボットや人工知能に取って代わられるといわれています。

　現に、ある会社のヘルプデスクはロボットとの会話で行われていますし、またある会社の問い合わせメールの返信は人工知能が行っていると聞きます。既に、自動車の自動運転システムなどはかなり実用化に近づいています。つまり、2045年に向かうまでに、これまで存在していた職業（テレフォンオペレーターやタクシー運転手など）はなくなってしまう可能性があるのです。

　加速度的に技術革新が進み、そのスピードについていける人とそうでない人の差はますます大きくなりそうです。

加速するグローバル化と国際競争、地方消滅の危機

　今後はこれまで以上に海外からの人、物、情報の流入が起こります。また、外資系企業の参画などにより、これまで国に守られてきた日本の企業も、激しい国際競争を生き残らねばなりません。

　企業だけでなく、消費者である私たちの医療、農作物、サービスなどにも変化が起こるでしょう。海外からの人の流入によって、異なる文化との共存や国際協力の必要性がよりいっそう増してきます。

　このようなグローバル化は、地方への影響も懸念されています。地方の農家や中小企業も国際競争で戦わねばならない状況がますます生じる可能性が高いでしょう。

（菊池篤）

STEP 3 ▶ 大学入試改革はもう始まっています

＼ なぜ大学入試が変わるのか？ ／

　2014年12月に中教審から出された、いわゆる「高大接続・入試改革答申」は、高校教育、大学教育、そして高大接続（入試）の3つから抜本的な教育改革をするという方針を提言しました。

　これまでの高校教育、大学教育、そして大学入試は、文科省が提唱してきた「学力」の3要素（「主体性を持って多様な人々と協働して学ぶ態度（主体性・多様性・協働性）」「知識・技能を活用して、自ら課題を発見しその解決に向けて探求し、成果等を表現するために必要な思考力・判断力・表現力等の能力」「知識・技能」）のうち、「知識」の暗記・再生に偏りがちであり、残りの2つの要素を含めた真の「学力」が育成・評価されてこなかったと断言しています。これらの課題の改善に向けて、高校、大学ではアクティブ・ラーニングの導入を、高校教育に大きな影響を与える大学入試では、残りの2要素を含めた真の「学力」を測る方法をとるという方向性を打ち出したのです。

＼ センター試験に代わる新たなテスト ／

　「高大接続・入試改革答申」によれば、新たな入試は東京オリンピックが開催される2020年から実施される予定となっています。その目玉はセンター試験に代わる「大学入学希望者学力評価テスト（仮称）」というテストです。このテストでは学力の3要素のうち、「思考力・判断力・

表現力」を中心に評価するとしています。その他の特徴として、①「教科型」に加えて「合教科・科目型」「総合型」の問題を組み合わせて出題する（将来は後者のみを目指す）。②多肢選択方式に加え記述式の解答方式をとる。③１点刻みではなく段階別で評価する。④年複数回実施する。⑤CBT方式（PC上で解答する方式）での実施を前提とする。⑥英語については四技能を総合的に評価する。このうち、「年複数回実施する」のは日程に無理があるとして見送ることが決定しました。

　文科省はHPで「『大学入学希望者学力評価テスト（仮称）』で評価すべき能力と～問題イメージ例【たたき台】」と題して、出題される問題のイメージを具体的に公開しています。参考にしてみてください。

＼ 各大学における個別選抜 ／

　入試改革では、現在の国立大学二次試験に当たる「個別選抜」を実施する予定です。これは、大学が独自に定める３つのポリシー（アドミッション・ポリシー、カリキュラム・ポリシー、ディプロマ・ポリシー）に基づき、学力の３要素を踏まえた学力評価の実施、多元的な評価の実施などが策定されています。たとえば、小論文、プレゼンテーション、集団討論など、これまで重視しなかった「主体性・多様性・協働性」を評価するための試験が行われると考えられます。

　アクティブ・ラーニングによって学んだ生徒は、このような個別選抜の中でとくに力を発揮できる可能性があります。これらの改革は国立大学の入試に限った話ではありません。むしろ、今回の答申を受けて、すでに新たな入試を実施している私立大学もあります。つまり、新テストが実施される2020年までに、先行的に独自の選抜方法を導入し始める私立大学が増えていく可能性があります。「入試はまだ変わらないから、しばらくは従来の受験指導でよい」では、生徒は出遅れてしまうかもしれません。

（菊池篤）

STEP 4
高校理科はどう変わる？
～コンピテンシーベースと探求型学習

＼ 次期学習指導要領の方向性 ／

　現在のところ、国語科、地歴公民科、英語科の教科では科目の構成を大きく変える方向で審議が進む一方で、理科については「現行どおりとすることが適切である」としています。しかし、数学との共通教科として「理数科」を設置し、「理数探究基礎（仮称）」及び「理数探究（仮称）」という探究をベースとした科目が設置されそうです。また、次期学習指導要領の全体の方向性として、以下の点で教科教育の考え方が変わると予想されます。

＼「コンテンツベース」から「コンピテンシーベース」へ ／

　これまで日本の教育における教科・科目のあり方は、「何を学ぶか」という学習内容（コンテンツ）が主に議論されてきました。次期学習指導要領では、各教科・科目の考え方は「何を学ぶか」というコンテンツの観点だけでなく、それらを学ぶことで「何ができるようになるか」というコンピテンシーの観点も重視されるようになると考えられます。

　たとえば、生物分野で生態系を学ぶことで、「炭素原子と窒素原子が生態系を循環していることを理解する」ということを目的としたコンテンツベースの考え方から、「学んだ知識を用いて、生態系の未来に対する自分自身の責任について考察できるようになる」ということを目的とするコンピテンシーベースの考え方になります。このように、次期学習

指導要領では「どのような資質・能力を育むか」をベースに教科・科目の教育を考えていくことが求められるでしょう。

＼ 探求型学習によるコンピテンシーの獲得 ／

コンピテンシーベースの考え方に合わせて、次期学習指導要領で審議されているものに「探求型学習」が挙げられます。

現行課程にも、選択科目として「理科課題研究」がありますが、この科目を採用している学校は全国的に少ないのが現状です。次期学習指導要領の審議の中では、探究型学習による理科の学習について以下のように述べられています。

「理科の学習における考え方（思考の枠組み）については、探究の過程を通じた学習活動の中で、比較したり、関連付けたりするなどの科学的に探究する方法を用いて、事象の中に何らかの関連性や規則性、因果関係等が見いだせるかなどについて考えることであると思われる」

「理科においては、高等学校の例を示すと、課題の把握（発見）、課題の探究（追究）、課題の解決という探究の過程を通じた学習活動を行い、それぞれの過程について、資質・能力が育成されるよう指導の改善を図ることが必要である」

「探究過程全体を生徒が主体的に遂行できるようにすることを目指すとともに、生徒が常に知的好奇心を持って身の回りの自然の事物・現象に接するようになることや、その中で得た気付きから疑問を形成し、課題として設定することができるようになることを重視すべきである」

これらは、新たに設置される予定の理数探究科目に限らず、理科の各科目において探究型学習の必要性を強く問うているように思います。コンピテンシーや探究型学習の考え方は『学び合い』に基づくアクティブ・ラーニングにおいて、授業における課題の作り方や教師による生徒の見取り方に大きく関与します。

（菊池篤）

STEP 5 アクティブ・ラーニングの基本的な考え方
～『学び合い』に基づく3つの観

　本書で紹介するアクティブ・ラーニングは、上越教育大学教職大学院の西川純教授が提唱する『学び合い』という理論に基づくものです。これは、これまでにも各地の小・中・高校で導入され、生徒同士の人間関係改善や、成績向上について大きな成果を挙げています。

　『学び合い』によるアクティブ・ラーニングは、これから述べるような学校観、授業（教師）観、生徒観の3つの観によって成り立っています。読者のみなさんがお持ちの教育観と異なるかもしれませんが、アクティブ・ラーニング実践者が心得ておくべき重要なことですので、じっくり読んでください。

多様な人とのつながりが「得」であることを学ぶ場（学校観）

　高校には進学校、職業校、進路多様校など、さまざまな特色がありますが、どのような校種であれ、学校という環境が担う本質的な役割は変わらないと思います。では、その本質的な役割とは何でしょうか。

　私たちはこれを「多様な人と折り合いをつけて、自らの課題を達成する経験の場」と考えます。この考えは学校行事などの限られた時間だけでなく、学校生活のあらゆる場面で通底するものです。とくに学校生活の大半の時間を費やす「授業」で経験できることが望ましいのではないでしょうか。このような経験を日々重ねることで、生徒は多様な人とのつながりが「得」であることを学ぶでしょう。

教師の役割は目標の設定、評価および学ぶ環境の整備（授業観）

　『学び合い』に基づくアクティブ・ラーニングにおいて、教師は生徒が達成すべき目標を設定し、生徒たちがその目標を達成できたかどうかを評価します。これまで教員の仕事とされてきた「知識の教授」は生徒同士で行います。おそらく、ここでさまざまな疑問が浮かぶと思いますが、それについては後述します。

　また、アクティブ・ラーニングでは、授業時間の大半を生徒に委ねます。そのために、教師は学ぶ環境を整備する必要があります。学ぶために必要な環境はその集団の様子によって変わってくると思います。その時に応じて教員は適切と思われる場を設定するのです。

　この授業観は、部活動指導に似ています。部活動では始めに今日の目標や練習メニューなどを確認します。練習中は生徒同士が互いに教え合ったり、励まし合ったりし、教員はそれを見守ります。そして、最後にミーティングをして、教員は今日の活動を評価するのです。

生徒集団は一人の教師より有能（生徒観）

　これまでの一斉講義型授業では、一人の教師が約40名の生徒を相手に、学習内容を教授していました。しかし、1回の説明で生徒40名全員が理解させられるだけの授業力を持つ教員が全国にどれほどいるでしょうか。ここでは、全員が理解するために、生徒たちの力を借ります。生徒が40名いれば、理解の仕方も40通りあります。教員一人で40通りの説明などできません。しかし、生徒の力を借りれば、40通りの説明を同時に行えるのです。

　生徒一人ひとりの力は微力であったとしても、集団となれば教師よりも有能であると考え、生徒の力を信じて任せます。これにより教員の生徒への見方も変わってくるかもしれません。

（菊池篤）

STEP 6 アクティブ・ラーニングの実際の授業を見てみよう!

では、『学び合い』に基づくアクティブ・ラーニングが実際にどのような授業なのか見てみましょう。

＼ 目標の提示（5分以内）／

教師はまずこの時間に達成すべき目的と目標に沿った課題を提示します。提示の仕方は板書したり、プリントに印刷したり、方法はいろいろあると思います。そして、「全員が目標を達成すること」と伝えます。また、「席を移動して、友達と相談してもよい」と説明します。何時まで活動時間であるかもあらかじめ提示しておくとよいでしょう。生徒が慣れてくると、教師が説明することはほとんどありません。中には「説明が長い」と感じる生徒もいるでしょう。そんな生徒のためにもできるだけ活動時間を長くとるようにします。

＼ 活動時間（約40分）／

教師が「はい、どうぞ」と言って、生徒の活動時間が始まります。元気のよいクラスはその瞬間に威勢よく席を立って、思い思いのやり方で課題に取りかかるでしょう。

一人で課題に取り組む生徒もいれば、自由に机をつけて3～4名で相談しながら課題に取り組む生徒もいます。基本的にこちらで班をつくらせることはしません。大切なのは、目標を達成するために、何が必要

で、どう行動すればよいかは生徒の意思に委ねることです。

　課題は、教科書や資料集などを読みながら進めるものや、仲間と意見を出し合って解決していくものなどがあります。もし、手元の資料では情報が足りなかったり、ちょっと調べたいことがあったりする場合、PCやスマートフォンなどの情報端末を利用させてもよいと思います。情報端末の利用に関しては、賛否両論ありますが、もし生徒に「知りたい」という気持ちがある場合、その知的好奇心は潰さないようにしたいものです。情報端末の利用などについては後述しますが、先ほど紹介した授業観における「環境の整備」は上述したように、席の移動、仲間との対話、情報端末の利用など選択の自由度が高いことが望ましいです。

　活動時間中、教師は基本的に生徒が活動している様子を全体的に見ます。そして、生徒が活動している中をゆっくり歩いてみたりします。生徒に質問されたら、「それなら、○○がさっき説明してたなぁ」や「いい質問だからみんなで共有しよう」などと言って、生徒同士が関わり合う方向に声をかけます。また、取り組みの様子を見て多くの生徒がつまずいているところについては、活動の途中で全体にヒントを与えてもよいでしょう。また、適宜短いレクチャーを入れてもよいかもしれません。しかし、あくまで学習の主体は生徒であることを意識して、生徒の学びを阻害しないことが大切です。

＼ 振り返り（5分以内）／

　今日の活動がどうであったかを生徒自身に振り返らせます。振り返りシートなどを用意して、本時で学んだこと、気づいたことなどを書かせてもよいでしょう。そして、次の授業につながるような話をします。たとえば、全員が目標を達成することの大切さや、活動の様子を見た率直な感想、授業中にあったエピソードから学ぶこと、この授業形態にこだわる理由などです。具体的な語りについては後述します。

（菊池篤）

STEP 7 ▸ アクティブ・ラーニングへの生徒の感想

　実際に理科の授業をこのアクティブ・ラーニングで行って、生徒たちがどんな感想を持ったか、高等学校で取ったアンケートの結果を紹介しましょう。

　自分の興味のあることはとことんつきつめられるし、わからないところがあったら、自分から積極的に取り組まないと追いつけないので、主体性を持てるようになり、学ぶことに対して成長できたと思う。（1年・女）

　自分の学習観が変わった。自分が間違っているかもしれないから恥ずかしい、と思わなくなった。（1年・男）

　聞くことで理解するだけでなく、話す（教える）ことで理解を深めたり、理解できていないところがわかったりしてよかった。（1年・男）

　4月はアクティブ・ラーニングで、学習がちゃんとできるか不安だったが、教え合ったことで理解を深められ、意外と自分たちでもできるのだなと思った。（1年・女）

　自分で資料などを見て学べたので、ほかの科目よりも知識が頭に残りやすかった。（3年・女）

講義があり、自分で勉強する時間もあり、わからないものはほかの人と一緒に考えたり、すでに理解している人や先生が教えてくれたりするので、わからないことを放置しなかった。また、すでにわかっていることも、ほかの人に説明することで新しい問題を発見することがあるので、時間はかかるが結果的には効率がよいと思う。（3年・女）

自分の考えを相手に伝えられるように、なるべくわかりやすく自分の考えを話す能力が身についた。（1年・女）

あまり話したことのない人にも質問するなど、いろいろな人の意見から自分の考えをまとめる力が身についた。（1年・男）

自分で理解しようとする力、能動的に学ぶ姿勢が身についた。（1年・女）

ものごとを単体で完結させるのではなく、つなげて理解を広げることができるようになった。（1年・男）

教科書に書いてあることにツッコミを入れることができるようになった。ただ読んで吸収するのではなく、「どうしてこうなるのか？」という視点で見ることが大事だと思った。（1年・女）

根本から「なぜ？」と思えるようになった。（1年・男）

原因をつきとめるという習慣がついた。わからないことをわからないままにしないという態度が身についた。（1年・女）

「教科書に書いてあることはすべてじゃない！」と思うようになった。（1年・女）

STEP 8 アクティブ・ラーニングへの先生の感想

　理科で、実際にこのアクティブ・ラーニングの授業を行った先生たちがどんな感想を持ったか、その感想の一部をここに紹介しましょう。

　授業のチャイムが終わると同時に「学び」が終わるのではなく、授業終了のチャイムの後でも、生徒たちが自分でもっと勉強してみたい、調べてみたい、考えていきたいと思うような能動的な行動を引き出す授業スタイルを目指していました。その結果、アクティブ・ラーニングのいまのスタイルに到達しました。その成果は、大きく3つあります。1つ目は、生徒たちが学ぶことを楽しむようになっていることです。困難な課題でも、一生懸命に考え、授業後も調べたり、悩んでいたりする様子が多くみられるようになりました。放課後や週末に考えたことを伝えてくる生徒も出てきました。2つ目は、「わからない」状態を保ち、我慢できる生徒が増えてきました。すぐにわからなくても、粘り強く調べたり、友だちと語り合ったり、自分たちで理解できるまで努力を継続できる生徒が増えてきています。レジリエンスのある生徒が育成されている感じがあります。3つ目は、結果的に、クラスの生徒たちが、生物学を好きになり、概念をしっかりと理解していくため、考査や模試の結果もばらつき（標準偏差）が小さくなり、取り残される生徒がいなくなりました。結果的に平均点も上がっていきました。このスタイルで生徒たちが自らの能力と、協力する力で学んでいくことで、授業中の笑顔が増えていきました。

（山藤旅聞　30代・教諭）

『学び合い』によるアクティブ・ラーニングに出会う前、スモールステップでどんな生徒でも越えられる課題を設定したり、生徒に発問をしたりして、いかに生徒を引きつけるかを模索していました。そして、それに乗ってこない一部の生徒を苦々しく思いつつ、そのような生徒もこちらの思い通りに授業に向かわせることこそ教師の職能だと考えていました。しかし、『学び合い』に出会って、授業観が変わりました。「私の期待通りに動かない」不満を生徒に持つことはなくなりました。こちらの言ったとおりに手とり足とりしてやらせることが生徒の学ぶ力や生きる力を削ぐおそれがあるとわかった今、生徒の邪魔をせず、どんなささいな成果でも喜びながら認めることに徹しています。援助者の立ち位置になれたことが一番の変化です。

（松本隆行　40代・教諭）

実習が始まって、授業の形式に驚きました。板書計画も立てて、それを何回も修正して、というような作業はありませんでしたが、アクティブ・ラーニングの授業をつくることはそれ以上に難しいものでした。しかし、目的が何なのか考えてそれを軸に展開していくことが大切であるとやっていく中でわかりました。生徒はもとからそれぞれ力を持っていて、教師の仕事は「教える」ことではなく「引き出す」ことなのだと実感しました。

（和久井彬実　20代・教育実習生）

1年間で生徒たちは、学習内容のわからないところを互いに聞き合い教え合うようになりました。生徒たちは初め、教員が答えを教えてくれないので友達に質問をするようになり、やがてほかの生徒と教え合うことに慣れてきたようでした。生徒同士の教え合いが活発に行われていた単元では試験の点数が高いと感じました。対話を通して自らの理解を確かめることで、自信を持って学習に取り組めたからではないかと考えます。

（香川秋沙　20代・非常勤講師／大学院生）

『学び合い』による
アクティブ・ラーニングの
「学校観」と「子ども観」

「認知的、倫理的、社会的能力、教養、知識、経験を含めた汎用的能力の育成を図る」アクティブ・ラーニングにはさまざまな方法があります。**その一つが本書で紹介する『学び合い』によるアクティブ・ラーニングです。第1章で紹介した授業の組み立て方は、典型的な『学び合い』の授業です（詳しくは巻末の読書ガイド参照）。** しかし、『学び合い』は方法というより、理論であり、考え方です。その考え方は「学校観」と「子ども観」という二つの考え方に集約されます。

この二つの考え方で『学び合い』のさまざまな方法が導かれます。

「多様な人と折り合いをつけて自らの課題を解決することを学ぶのが学校教育の目的である」、これが学校観です。非常にシンプルで簡単ですが、深い意味があります。この中の「多様」とは健常者ばかりではなく、障害者も含まれています。行動的に問題のある人も含まれています。また、「折り合い」を求めているのであって、「仲よし」になることを求めていません。社会に出れば当然、うまの合わない人もいるでしょう。それでいいのです。折り合いをつけられればよいのです。

また、「子どもたちは有能である」という子ども観に立っています。学校は子どもを大人にするところと考えるならば、大人として扱わなければなりません。手のかかる子どももいますが、そうした子どもの数と同じぐらい、有能な子どももいます。その子どもと一緒にやれば、今よりは多くのことが実現できます。そして、子どもたちは大人に成長します。

『学び合い』はこのような学校観と子ども観を実際に体現し、「倫理的・社会的能力」を育てることができるアクティブ・ラーニングなのです。

(西川純)

CHAPTER

2

アクティブ・ラーニングの
基本的な考え方と
課題の具体例

STEP 1 「目標」を中心に授業をデザインする

＼ まずは「目標」の設定から ／

　アクティブ・ラーニング型授業では、学習活動を教員主導ではなく、生徒の主体的な活動中心にします。この時、最も重要なことは授業で生徒自身が何を達成すべきなのかという目標をしっかりと示すこと、すなわち「目標＝ゴール」の設定です。これが明確に示されなければ、生徒は何をすべきかを自分で考えることができません。ですから、授業をデザインする時に最初に意識すべきことは「目標」をどう設定するかということです。

　「目標」をしっかりと示すことができれば、生徒はその達成に向けて主体的な学びの「活動」を展開することができます。また、学習の「評価」に関しても、「目標」が達成されたかどうかを測定することになります。

　まずは「目標」をしっかりと定め、それを中心に、「活動」と「評価」をデザインすることが重要です。

＼ 「目標」を設定する上での留意点 ／

　「目標」の設定について、生物を例にもう少し詳しく見ていきましょう。生物は暗記科目などとよく言われますが、学習指導要領を見ても、目標として示されている文言の語尾は「理解する」となっているものが多く、決して膨大な知識の暗記を要求していないことがわかります。アクティブ・ラーニング型授業で目標を設定する際には、大きく2種類の

方向性を意識しておくとよいと思います。「科目の内容理解」を目指すものと、「知識を活用した思考」を目指すものです。提示する目標の「語尾」に注目して、この2つの違いをみてみます。

1つ目の「科目の内容理解」は、学習指導要領にもあるように「〜を理解する」というような語尾のものです。それぞれの教科・科目の学習において基礎的な内容をしっかりと理解することは重要です。

また、「〜について説明できる」というような語尾のものも、方向性としては内容理解を目指しているのでこちらに分類されます。

次に、「〜について考察する」というような語尾のものです。これは、内容の理解を目的とするのではなく、理解を伴った知識をツールとして発展的な内容について自分なりに思考することを目的としています。

現実の社会では、「理解する」という語尾で語られる課題はほとんどありません。大切なことは、誰かに与えられた「絶対解」「唯一解」を求めるような姿勢ではなく、自分なりに思考し、「納得解」を求める姿勢です。そのため、授業の中でもこのような活動を取り入れていくことが必要となります。ですから、必然的に語尾も「〜を理解する」ではなく「〜について考察する」となるわけです。

2種類の「目標」の設定
- **科目の内容理解（ツールとしての知識の獲得）**
   ＝何を知っているか
- **知識を活用した思考（「理解」を目的としない）**
   ＝知っていることをどう使うか

また、「主体性」を涵養するためには、「主体的に学習に取り組む」こと、事態を「目標」として掲げる必要があるように思いますが、これは同時に「評価」の問題が関係してくることをふまえておくべきです（これについてはP36で述べます）。

（大野智久）

STEP 2 「評価」は「目標」と連動する

＼「評価」は「目標」から導かれる ／

　アクティブ・ラーニング型授業では、生徒の学習は「目標」に沿って進みます。ですから、「評価」も目標から導かれるべきです。たとえば、「～について理解する」とか「～について説明できる」という目標を提示するのであれば、定期試験で知識偏重の暗記問題ばかりを出題することを避けるということです。定期試験は、「点数に応じて評定をつけるためのツール」ではなく、「学習の結果、目標が達成されたかどうかを確認するためのツール」なのです。

　定期試験だけではなく、レポート課題などほかの評価方法についても同様に「目標」を中心にデザインすることが重要です。

＼「プロセス」ではなく「結果」で評価することが原則 ／

　アクティブ・ラーニング型授業では、「生徒がいかに能動的に学んでいるか」が気になってしまいますし、「能動的に学ぶこと」そのものを目標として掲げたくなります。しかし、それは難しいことのように思います。なぜなら、「目標」は「評価」と連動するからです。

　たとえば、「～について理解する」という目標を提示した時に、ほかの生徒との対話は目標達成のための「手段」になります。また、活発に対話をするなど「能動的に学んでいる」ように見える外面的な状態と、「しっかりと思考し理解を深めている」という内面的な状態は必ずしも

一致しないことがあります。ですから、「理解する」という目標に対して「対話を通して能動的に学ぶ」ことは評価の対象とはなり得ないと私自身は考えています。

では「主体的・対話的な学び」という学ぶ姿勢は評価しなくてもよいのでしょうか。仮に、授業で「主体的・対話的な学び」があまり見られない状況があった時、どうしたらよいのでしょうか。

そこでの教師の役割は、生徒の姿勢を評価することではなく、「主体的・対話的な学び」の「価値を語る」ことだと思います。先に述べたような生徒の態度の評価の難しさと、P38で述べる内発的動機づけの2点を考えると、「主体的・対話的な学び」の「価値を語る」ことが基本になると考えています。

＼「プロセス」を評価してはいけないのか ／

上記のような考え方で授業を進めていても、なかなか生徒の「主体的・対話的な学び」が深まらないということもあります。

この場合には、「主体的・対話的な学びを体験する」こと自体を「目標」として提示し、「内容を3人に説明する」というような課題を提示することも有効かもしれません。つまり、「主体的・対話的な学び」を、「理解するための手段」として位置づけるのではなく、「その経験自体を目標化する」ということです。

ですから、ここに述べたことは、「学びの姿勢は評価してはいけない」という杓子定規なものではありません。生徒の実態に応じて、いま何を「目標」として提示し、何をどのように「評価」すればよいのかが整理できていれば、学びのプロセスそのものも評価対象となりうるということです。

（大野智久）

STEP
3 ： 「活動」をデザインする

＼「活動」は「目標」の達成のためにある ／

　アクティブ・ラーニング型授業では、学習を生徒に任せます。それでは、具体的にはどのような活動をさせるのがよいのでしょうか。

　大切なことは、授業中の「活動」は「目標」の達成のためにあるということです。ですから、先述したように、「理解する」や「考察する」などの語尾で目標を提示し、その達成のために生徒の主体的・協働的な活動を促すようなデザインが基本になります。

＼ 内発的動機と関連する３つの要素 ／

　アクティブ・ラーニング型授業の生徒の活動をデザインする上で押さえておきたい考え方として、内発的動機づけに関する理論があります。この分野の研究者として有名な心理学者のエドワード・L. デシという人がまとめた「自己決定理論」というものです。

　人間には自律性の欲求、有能感の欲求、関係性の欲求があり、それらによって内発的に動機づけられます。これを授業のデザインに応用すると、授業の活動の中に「えらべる」、「できる」、「つながれる」という要素を盛り込むことになります。それらによって内発的に動機づけられます。「内発的な動機づけ」というと堅苦しく感じられかもしれませんが、簡単に言えば、「どうすれば生徒を損得勘定を抜きにしてやる気にさせることができるか」ということです。

エドワード・L. デシの「自己決定理論」と授業デザインの要素

自律性の欲求　→　「えらべる」

有能感の欲求　→　「できる」

関係性の欲求　→　「つながれる」

　授業では、学び方をさまざまな選択肢の中から「えらべる」ことが有効です。たとえば、教科書・資料集・問題集の使用、インターネットでの検索など多様な方法から選べるようにします。また、友人との対話をいつしてもよいという自由度があれば、「えらべる」だけでなく「つながれる」という要素が加わります。また、進行速度や学ぶ順番を自分で管理する自由度があれば、それぞれの到達段階に応じた「できる」という達成感を得ることができるでしょう。これらは生徒を内発的に動機づけ、やる気を引き出すことにつながります。

＼ 気をつけておきたいこと ／

　このような観点で授業をデザインする際に注意が必要なのは、報酬も罰も外発的動機づけであることです。生徒を学習に動機づけたいときに、「やらないとペナルティを課す」「目標を達成したら報酬がある」というような方法をとることがあります。しかし、どちらも本質的には同じことで、外因、つまり罰や報酬がなくなったら学びへの動機づけがなくなってしまうということです。たとえば、プリントで学習させた時に、それを提出させてチェックし、そこに報酬や罰をつけるかどうかは、この観点から慎重に考える必要があります。

　意識したいのは、あくまでも内的な欲求によって学びに向かえるような授業のデザインです。

（大野智久）

STEP

4 ： 単元を丸ごとまかせる

＼ 単元を丸ごとまかせる方法 ／

　これまでの話は、基本的に50分の授業内で完結する授業のデザインについて述べてきました。しかし、講義型授業であってもアクティブ・ラーニング型授業であっても、全員が目標を達成できるとは限りません。そこで有効なのが、アクティブ・ラーニング型授業で単元を丸ごとまかせる方法です。

　たとえば、ある単元を終えるのに6時間の授業計画を立てたとします。従来は、その6時間のそれぞれの時間で何をどこまで進めばよいのか、教員が最適と思われる計画を立ててそれを生徒に示し、その通りに授業を進行していました。

　これに対して、ここでは、「単元6時間分で達成してほしい『目標』を示し、また必要があれば活動例として『課題』も示し、あとは生徒に6時間を丸ごと任せてしまう方法」のメリットについて考えてみましょう。

＼ 単元を丸ごとまかせる方法のメリット ／

　メリットとして最初に考えられるのは、個人の到達度に合った学習になるということです。

　学習の内容によっては、ある生徒には50分という時間が長すぎたり短すぎたりするものです。そうであるならば、それぞれの生徒のスピードに合わせて、じっくり時間をかけたい分野と、さっと進みたい分野な

40

どの計画も自分たちでさせてしまった方がよい、という発想です。これは、前項で述べた内発的動機づけの「できる」の要素に対応し、生徒のやる気を引き出す要因になります。

　しかし、一方で進度の遅い生徒が最後までたどりつかないのではないかと危惧される先生もいるかもしれません。そこは、「6時間ですべての内容が終わるように時間の使い方を工夫する」というような設定をつけることによって、生徒がスケジュール管理能力も身につけることができるかもしれません。

　時間が進むと、生徒による「進度の差」がかなりはっきりしてくると思います。これは生徒の足並みが揃わずよくないことのように思えます。しかし、「進度に差があることで対話がしやすくなる」という要素もあります。つまり、進度の速い生徒にわからないことを聞くことができるということです。

　ただし、ここには前提となるクラスの雰囲気もあるので、一概にそうだとは言えませんが、必ずしも進度に差が出ることがデメリットばかりではないことはおわかりいただけると思います。

　さらに違った視点からは、「問いの創造」からの「探究」が可能になるということも挙げられます。たとえば、教科書を読んでいてどうしても気になった記述や、理解はできたけれどどうにも腑に落ちない内容があると思います。一斉講義型授業や、50分ごとのアクティブ・ラーニング型授業では、ここを追究するためにまとまった時間をつくることはなかなか難しいのですが、単元ごとに各自がスケジュールを管理する中では、思い切った探究のためにある程度時間を割くということも可能になります。

　アクティブ・ラーニング型授業の導入段階では50分ごとのデザインがやりやすいと思いますが、単元丸ごとのアクティブ・ラーニング型授業には多くのメリットがあります。1つの選択肢として、ぜひ心に留めておいてほしいと思います。

（大野智久）

STEP 5 基本的な文章や問いを使って基礎的な概念を獲得するための課題（クローズな課題）

＼ 課題作成の考え方 ／

　それでは、授業で生徒に提示する具体的な課題作成について考えていくことにしましょう。

　まず、大前提として、生徒の実態に応じた「適切なハードル」の設定を心がけます。アクティブ・ラーニング型授業では生徒の主体的・対話的な学びを促し、学習を深めることを想定しますが、このとき、あまりに難しい課題を提示されると、主体的・対話的な学びが実現しても内容が理解できないということが起こります。すると、生徒のやる気はどんどん低下していってしまいます。

　逆に、あまりにも簡単な課題だと、対話的な学びに向かうことがなくなり、ほとんど自習と変わらない状況になってしまうかもしれません。

　これを避けるためには、生徒の実態に応じた「適切なハードル」の設定が何よりも重要になります。端的に言うならば、難しすぎず、易しすぎずということです。

＼ 「理解する」ことを目指すのが基本形 ／

　ここからは、より具体的に課題作成についてみていきます。まずは、教科書などを使って書かれている内容を理解するための課題作成です。

　基本形は「〜はなぜか説明せよ」のような説明形式の課題です。一問一答形式の課題や語句の穴埋め形式の課題は、生徒にとって取り組みや

すいものですが、思考する要素が少なく、ほとんど対話を必要としないことが特徴です。先ほど述べた「簡単すぎる課題」になる危険性が高くなります。

これに対して、説明形式の課題は先ほどの課題より難しいアウトプット型です。インプットのみで理解できたことは、浅い理解にとどまっていることがほとんどです。つまり、「わかったつもり」の状態です。それを人に説明できるようアウトプットすることによって、「本当にわかった」状態により近づけます。

また、説明型課題の場合、どこまで理解を深めて答えるかを自由にすることで、生徒がそれぞれに自分の納得のいく解にたどり着こうとする様子も見られます。これは、絶対解の世界から納得解の世界への移行に効果的です。

＼ 難易度を下げる工夫 ／

上記の説明型の課題が生徒にとって難しく「適切なハードル」にならないような場合には、一問一答型の課題や語句の穴埋め型の課題を取り入れてもよいかもしれません。あくまでも生徒に自己有用感（自分にもできる、という感覚）を持ってもらうための初期段階での工夫です。

また、本来であれば説明型の課題に対して論述してほしいような内容を文章として提示してしまい、「この内容を確認せよ」という確認型の課題にすることもできます。

この場合、基本的にはインプット型の課題ですが、記述の内容を少し工夫するだけで、その内容を理解するためにほかの生徒との対話が促されることもあると思います。さらに、それを応用して少し難易度を上げるのであれば、文章の正誤を判定させる正誤判定型の課題も有効です（P115で例を示します）。

（大野智久）

STEP 6 ▶ 計算などを伴い明快な解が存在する課題

＼ 単純な計算もアクティブ・ラーニング型授業の課題にできる ／

　先ほどの説明型の課題は、物理、化学、生物、地学など、どの科目でも適用可能なものですが、計算を伴うことの多い物理や化学では、生物や地学に比べ明快な解の存在する問題も多く登場します。このような計算型の課題はアクティブ・ラーニング型授業の課題として向くのかと心配される方がいるかもしれませんが、まったく問題なくアクティブ・ラーニング型授業で実施することが可能です。

　具体的には、たとえば教科書にあるような練習問題をそのまま課題として提示してしまいます。すると、すぐに答えを導くことができる生徒もいるかもしれませんが、なかなか答えにたどりつけない生徒もいます。

　このような時に、生徒同士の学び合いが有効です。これは単に理解のスピードの差を利用するというだけでなく、理解の仕方の多様性を利用するということでもあります。

　例題レベルであれば教科書に答えだけでなく解法まで解説してあります。しかし、それを見ても理解できない生徒がいます。そして、そのつまづきの原因は多様です。

　答えに自分の理解の仕方でたどりついた生徒がほかの生徒に教えようとすると、このつまづきの多様性、理解の仕方の多様性と向き合うことになります。そのプロセスで、うまく説明できないことがあると、自分の理解が不十分だったことにも気づけます。

44

「答え」を提示してしまってもよいのか

　「答え」が明確に存在するような課題の場合には、生徒の方から「答えを教えてほしい」という要望があるかもしれません。授業の目標が「答えを出す」ことではなく「答えを出すプロセスを理解する」ことであれば、答えを提示することに躊躇することはないと思います。答えを確認するタイミングを自分で「えらべる」ので、やる気を引き出す効果もあります。

　答えを提示しない方がそのような目標に沿った学びが促進されると判断される場合には、答えは提示しないほうがよいでしょう。「まずは自分の頭で考えてほしい」という設定で生徒のやる気が引き出されるような場合です。すべては、目標を中心にして、生徒の実態に合わせた対応をするべきです。

思考力はどう身につけるのか

　上で述べたように「答え」を先出ししてしまったり、単に「答え」を導くことに終始してしまったりすると、本当に大切な思考力が身につかないという意見があります。

　これについては、より難易度の高い発展的な問題を提示し、学んだ内容をツールとしてみんなで思考していくことが有効かもしれません。これはアクティブ・ラーニング型授業のねらいの1つでもあります。

　時間の使い方に関しても、あえて「個人の時間」を設けて思考のための時間を確保したり、もっと事前に授業で扱う設問を見ておくことができるような選択肢を提示したりすることも考えられます。これも、授業の目標と生徒の実態に応じて柔軟にさまざまな方法を試していけばよいでしょう。

（大野智久）

STEP 7 文章を読み解きながら自由に考察させるための課題（オープンエンドな課題）

＼「理解」ではなく「思考」が目的／

　教科書レベルの基本的な理解を目指すには、説明型の課題が有効であることはすでに述べました。ここでは、「理解」ではなく「思考」そのものを目的とした課題について述べたいと思います。

　基本的な知識や理解を獲得できたら、今度はそれらをツールとしてさまざまなことを思考することが重要です。

　今後、「何を知っているか」「何をわかっているか」だけではなく、「持っている知識・理解をどのように活用するか」がより強く問われるようになります。つまり、内容知だけでなく活用知が以前にも増して必要とされるということです。

　これまでの授業は、「内容の理解」に力点が置かれ、「いかにわかりやすく教えるか」が議論されてきました。しかし、それでは授業の目的が達成されたとしても「理解」までしか到達できません。そこで、「思考」を目的とした活動を授業に組み込むことが必要となります。

　アクティブ・ラーニング型授業では、課題を工夫するだけでこれを実現することができます。ポイントは、課題の語尾を「〜について説明せよ」ではなく「〜について考察せよ」にすることです。

　説明型の課題には、課題の設定上「正しい説明」が存在し、正誤判定もできます。しかし、考察型の課題は、それぞれが自由に発想し、答えのない課題に対して自分なりの納得解を導いていくことになります。「正しい考察」を目指すのではなく、「自分なりに思考してたどりついた考察」

を目指すのです。

　この時、何も材料もなく思考するのではなく、理解した内容を材料にして思考することが重要です。ここを押さえないと、「何となく考えた考察」になってしまい、思考の質が低下することにもなりかねません。目的は「持っている知識・理解を活用して思考する」ことです。

＼「思考」に対する不安の解消のために　／

　「答えは１つではないから、自由に考えてみてください」と言ったときに、思考する楽しみにワクワクする生徒ばかりではなく、答えがないことへの不安を抱く生徒もいることと思います。その不安は、「難しすぎる」「どこまで考えればいいかわからない」「合っているかわからない」「おかしなことを考えてみんなに馬鹿にされたくない」「試験ではどう出題されるかがわからない」など、さまざまな原因が考えられます。

　この不安に対して、まずは「安心感」を持ってもらうことが重要です。たとえば、「間違いを恐れる」のは、間違った時に教員や周囲の生徒から馬鹿にされるという不安があるからです。しかし、まずは教員が「一生懸命思考することが素晴らしい」ことや「間違ってもぜんぜん恥ずかしいことではない」ことを何度も伝えていき、そのような雰囲気を教室につくりだすことが重要です。

　もし難易度が高いようであれば、生徒が考えやすいように設定を易しくすることも有効です。また、一人で思考が広がらないときには人と対話するとよい、ということもしっかり伝えます。

　人と一緒に考えると思いがけないひらめきがあるものです。これは「わからないことが不安」という状態から「わからないことを楽しむ」状態への移行の第一歩となります。

（大野智久）

STEP 8 ワークシートの構成要素

＼ ワークシートの構成要素 ／

　アクティブ・ラーニング型授業にはさまざまな方法があると思いますが、ここでは教員の作成したワークシートを使って展開する場合のプリントの構成要素の例を紹介したいと思います。

　以下は、生物のワークシートの一例です。このワークシートにある各要素は、以下のような位置づけになっています。

①**タイトル**

　どの単元の内容かを示します。

②**目標**

　その時間で目指すべきゴールを示します。目標の達成を意識して各時間の学習が進みます。

③**課題**

　授業の目標を達成するための手段として示します。生徒は授業内の活動時間にこの課題に取り組みます。

④**発展課題**

　単元の内容に関係した発展的な課題です。上記の「課題」が、単元の基本的な内容の理解を目的としているのに対し、この「発展課題」は、獲得した知識・理解を関連づけて思考するトレーニングとして位置づけられます。ですから、「正解」を出せるかどうかではなく、「いい思考ができたか」どうかが重要です。

生物の共通性

目　標
1. 全生物は共通祖先をもち、さまざまな共通性を持つことがわかる。
2. 生物の特徴は、無生物と比較しながら説明することができる。

課題1　生物は多様であるにも関わらず、全生物に共通する性質も見られる。全生物に共通性が見られるのはなぜか説明せよ。

課題2　生物の共通性とは具体的にどのようなものがあるか説明せよ。

課題3　課題2をふまえて、ドラえもんが生物であるかどうか判断せよ。

課題4　ウイルスは「生物と無生物の中間段階として位置づけられている」とあるが、それはなぜか、課題2をふまえて説明せよ。

発展課題
NASAは「地球外生命体」を探索している。宇宙で何か「生物」らしきものが見つかった時、それを、単なる「物質」のかたまりではなく「生物」（＝地球外生命体）というためには、どのような性質を備えていなければならないと考えられるか説明せよ。

　ここで提示したワークシートの例では、目標1と課題1、課題2が対応しており、目標2と課題3、課題4が対応しています。また、発展課題は、「地球上の生物に見られる共通性」の理解を活用して、「そもそも生物とはどのような性質を備えている必要があるか」を考察してもらうものになっています。

　また、補足として、ワークシート以外に、必要に応じて教科書の内容を補うものとして参考資料のプリントを配布することもあります。

（大野智久）

49

STEP 9 課題作成の手法

＼ 曖昧な表現でさまざまな思考を許容する ／

　先ほどのワークシート例での「課題」について、これまでに紹介した「課題の類型」のどれに対応しているのかを含めて説明していきたいと思います。

　課題1と課題2は、目標1と対応しており、課題1が「共通祖先を持つために生物には共通性が見られる」ことを理解するためのもので、課題2が「さまざまな共通性」の具体的な内容を理解するためのものです。まずは基本的な知識・理解を獲得してもらうために、「クローズな課題」に近いものとして設定しています。ここであえて「クローズな課題に近いもの」と表現しているのは、同じ課題が実はオープンエンドな課題としても成立しているからです。

　たとえば、課題1は、「共通祖先がいるから共通性がある」という考え方のほかに、「共通祖先が持っていたさまざまな性質の中で、いくつかの性質は全生物に受け継がれ、そうでないものは受け継がれていない」という考え方も可能です。そうすると、全生物の持つ分子的なシステムとその合理性というようなことまで思考を広げていくことも可能ですし、そこに「唯一解」は存在しません。

　課題2も同様に、「生物の共通性」として、教科書には「遺伝物質としてDNAが存在する」というような記載がありますが、その情報の発現の仕方など、分子的なシステムの共通性はさらに深く思考することが可能です。

この課題の表現は、あえてこのような複数の解釈が可能な曖昧なものにしており、生徒自身が納得いくまで自由に学びを深められるような仕掛けにもなっているのです。

課題の難易度を調節する

もしこのような曖昧さが生徒の不安を増大させるのであれば、工夫が必要です。

たとえば、「クローズな課題」であることをはっきりさせることで、課題自体の難易度を下げることも可能です。そこで、課題2などは、以下のように作り変えることができます。

> **課題2　生物の共通性として当てはまるものを以下の中からすべて選べ。**
> ● **遺伝物質としてDNAを持つ**
> ● **代謝を行う**
> ● **細胞でできている**
> ● **呼吸を行う**
> ● **性の区別がある**

このようにするだけで、ここで考えるべきポイントがはっきりとし、教科書と対応させながら取り組みやすいものになります。さらにハードルを下げることも可能です。

どこでどのような課題を設定するかについての基本的な考え方に、課題に対応する教科書の記述で立ち止まり、読み込んで理解を深めてほしいということがあります。そこで頭の中を自分なりに「整理」してほしいと思うわけですが、ハードルが高いこともあります。そこで、課題1と課題2を合わせて、以下のようにすることもできます。

> 課題　生物の共通性に関して、以下の内容を確認せよ。
> ●生物は長い時間をかけて多様な生物に進化してきた
> ●全生物は共通の祖先から進化してきた
> ●全生物の共通祖先が持っていたさまざまな性質のうち、「遺伝物質としてDNAをもつ」「代謝を行う」「細胞でできている」などの性質が現在のすべての生物に見られる共通性となっている

　ここでは、教科書を読む際、どのあたりに着目して読めばよいかのガイドラインのような役割を課題に与えています。単に確認するだけですから、かなりハードルは下がります。このように、「優れた課題をそのまま使う」のではなく、課題の形式や表現方法を生徒の実態に合わせて柔軟に考えていくことが大切です。

＼ 知識の「習得」から「活用」へ ／

　文部科学省の中央教育審議会初等中等教育分科会教育課程部会から平成28年８月に出された「次期学習指導要領等に向けたこれまでの審議のまとめ」（以下、「審議まとめ」）では、深い学びに至る学びのプロセスとして、「習得・活用・探究」が挙げられています。習得は、基本的な知識や技能の獲得です。次の段階である活用は、すでに獲得した知識や技能を使っていく段階です。

　先ほどのワークシートには、この「活用」の段階を意識したものもあります。それが、課題３、課題４、発展課題です。

　課題３と課題４は、ともに「生物の共通性」の理解を使って、ドラえもんやウイルスが生物と言えるかどうかを考察する問題です（ドラえもんの問題は、以前に麻布中学校の入試問題として出題されました）。

　「活用」は、「習得」の次の段階と先ほど書きましたが、実は「活用」

の段階で、すでに獲得した知識をツールとして使うため、曖昧だった理解を確認せざるを得なくなります。そのため、「活用」しながら「習得」が深まるということになります。ここでは、そのようなことも意識して、このような課題設定にしています。

　ちなみに、ここで述べたように、知識の習得は、その先に活用する段階が想定されます。ですから、活用する場面のない知識の習得は、学習の目標として非常に優先順位が低いものとなります。また、ある知識を習得させる場合には、どこでどのように活用可能なのかを意識しておく必要があります。

　発展課題は、より自由度の高いオープンエンドなものになっています。ここでの目的は、獲得した知識や理解をフルに使って、自分なりの「納得解」を導くトレーニングをすることです。そのため、この単元での「目標」と直接はリンクしていません。

　個別の知識・理解が個々の点であるとしたら、それらをつなげて意味のある図形を描くというイメージです。スティーブ・ジョブズは、「クリエイティビティとは、何かと何かをつなぐことにすぎない」と言っています。発展課題は、まさにこの意味でのクリエイティビティを養うためのトレーニングなのです。

　この作業を一人で行い、考えを深めることにはもちろん意味がありますし、ほかの生徒との対話を通してさまざまな気づきを得て考えを深めることにも意味があります。

　ここで示した発展課題も、インターネットなどで調べることで、たとえばNASAが実際にどのような定義をしているのかなど、情報を集めることはできます。そうやって集めた情報を自分なりにまとめることも１つのトレーニングになります。こうして情報検索力と情報編集力が身につくわけです。しかし、本来はその前に、まずは情報検索をせずに、純粋に自分の頭で思考する時間があってよいと思います。「正解」を導くことより、自分なりの「納得解」を導く力の方がより重要です。

（大野智久）

STEP 10 ▶ 物理基礎の ワークシート例

＼ 物理法則に対する理解を説明させる ／

　物理の学習では、与えられた状況に対してどの公式を使うかを判断し、計算を進めて答えを導き出すことが求められます。しかし、まずは公式の運用の前に、物理法則に対する理解を深めることも重要です。内容理解のための課題については、先述した生物の課題作成と同様の考え方と方法が使えます。

　このワークシートは、物体の落下運動の単元です。最終的には課題３にあるような問題を解く力も求められると思いますが、物理法則としては、「自由落下の加速度は、空気抵抗を無視すれば質量によらずに一定である」ことを理解することがまずは大切です。

　物理の場合には、生徒がもともと持っている素朴概念と物理法則が一致しないことがあります。たとえば、この単元では「重いものは速く落下し、軽いものはゆっくり落下する」という素朴概念があるでしょう。

　このような素朴概念と物理法則との不一致を考察させるような課題は物理法則の理解には有効であると考えられます。課題１にはそのような意図があります。

　課題１では、単純に「かかる重力が同じだから」と答えてしまうこともあると思います。実際には「質量に応じてかかる重力は変化する」わけですが、生徒の理解が困難な部分については教員による説明で解消していくということも１つの手立てだと思います。

54

物体の落下運動

目　標

1. 物体が落下する際には重力のみが働き、鉛直方向に等加速度運動を行うことがわかる。
2. 水平方向に初速度がある場合には、水平方向に等速運動、鉛直方向に等加速度運動を行うことがわかる。

課題1　空気抵抗がないとき、鉄球も紙も落下速度が同じになる。これはなぜか説明せよ。

課題2　物体の自由落下の速度に関係するのは以下のどれかすべて選べ。ただし空気抵抗はないものとする。

　　　　①落下開始からの時間　②物体の質量　③物体の材質

課題3　以下の条件での、3秒後の物体の速度v〔m/s〕と変位y〔m〕を求めよ。ただし、鉛直下向きを正とする。

　　　　①物体を自由落下させたとき。

　　　　②物体を初速19.6m/sで鉛直に投げ上げたとき。

課題4　物体を水平投射、斜方投射する場合を考える。以下の問いに答えよ。

　　　　①その物体が地面に落下するまでに、どのような力が働いているか説明せよ。

　　　　②①を参考にして、物体の水平方向の速さと鉛直方向の速さはどうなるか説明せよ。

　　　　③②を参考に、物体がどのような運動をするか図示せよ。

発展課題

ティッシュペーパーと本を同時に落下させたときに落下速度はどうなるか実際に試し、結果を考察せよ。また、本の上にティッシュペーパーをのせた状態で落下させると、先ほどと比べて落下速度はどうなるか実際に試し、結果を考察せよ。

ちなみに、課題4は水平投射や斜方投射に関する課題で、学習指導要領では定量的な理解は求められていません。ここでは、「垂直方向は重力による等加速度運動で水平方向は等速運動」であることを理解することが重要です。

　その理解に到達するために、スモールステップで課題を積み上げています。③の図示は、場合によっては教科書に図があるかもしれませんが、自分で思考して作図することでその意味をしっかりと理解することにつながるでしょう。

＼ 考えるポイントを明確にするために選択式の問いを用いる ／

　「自由落下の加速度は、空気抵抗を無視すれば質量によらない」ことを理解するために、論述型の課題を作成することも可能ですが、考えるポイントをよりシンプルに示すには、課題2のような選択式の問いも有効です。

　ここでは、v＝atという式の理解まで到達できるよう、選択肢①も置いてあります。また、③のようなわかりやすいダミーの選択肢でも、このように聞かれると迷う生徒もいるかもしれません。そこで対話によりしっかりと基礎的な理解を深めていくようなプロセスも重要です。

＼ 解法や答えを提示する方法にもいろいろある ／

　P45でも述べましたが、課題3のような計算を伴い、明快な解が存在する場合、早い段階で答えを提示してしまってもよいでしょう。また、その提示の仕方にもさまざまな方法があります。

【答えと解法の提示】
　1.答えを提示するが、解法は提示しない
　2.解法は提示するが、答えは提示しない

3.解法も答えも提示する

　4.解法も答えも提示しない

【答えや解法の提示の方法】

　1.答えや解法を紙で掲示

　2.教員が説明をする際に提示

　3.答えや解法をプリントで全員に配布

　4.生徒との個別のやり取りの中で提示

　基本的には、教員による解説や、プリントの掲示・配布があった方が生徒の安心感は増します。しかし、答えを待ってしまい、それを写すだけのようであれば、解法の道筋を示すだけで答えを示さない方が、学びは活性化するかもしれません。

　また、答や解法を提示するタイミングもさまざまです。授業冒頭、授業の途中（ある程度生徒たちが取り組んでから）、授業の最後など、「目的」に応じてタイミングも変えてよいと思います。

　目の前の生徒の実態に合わせて、さまざまな方法を試して、改善し続けていくことが重要です。

＼ 発展課題は「答え」よりも「思考」が重要 ／

　発展課題は、落下運動に関するものを挙げました。講義主体で説明をする時には、生徒に「わかった」と思ってもらえるような説明の組み立てを考えると思います。

　しかし、発展課題は、答えにたどりつくか、正しい思考プロセスがたどれているかということよりも、今までの学習内容をツールとして自分なりに思考できているかが重要です。ここに挙げたような実際にすぐ試せるような課題だと思考も広がりやすいでしょう。

（大野智久）

STEP 11 ▸ 化学基礎の ワークシート例

＼ 目標と直接対応しない課題を入れてもよい ／

　化学基礎は、生物を題材に説明したような「内容理解のための課題」と、物質量に関係する問題のような「計算を伴う課題」の両方が存在すると思います。それぞれの課題作成については、これまで述べた内容も参照してみてください。

　ここでは、「周期表と周期律」の単元を取り上げました。学習指導要領に基づいて、２つの目標を提示し、それに関連する課題を並べてあります。

　目標１に対応しているのが課題２と課題３です。しかし、ここではまず周期表の見方として、課題１を入れてあります。これで、周期表と「族」の関係について理解を深めておくねらいです。

　このように、目標と直接連動しなくても、その後の理解を助けるような課題であれば、置いてしまってよいと思います。これも生徒が取り組みやすくするスモールステップの考え方です。

＼ 課題の難易度を調節する ／

　課題２に取り組むためには、「希ガスが最外殻電子８個で安定していること」と、「それぞれの最外殻電子の数が何個であるか把握していること」が必要です。そのうえで、「安定な電子配置になるには何個の電子の出入りがあるか」を考えていくわけです。

周期表と周期律

目　標

1. 周期表の族や周期は、原子の配置とどう関係しているかを説明することができる。
2. 元素の周期律がイオン化エネルギーの変化にどのように表れているかわかる。

課題1　以下の①～④が何族に当たるか答えよ。

　　　　①アルカリ金属　　②アルカリ土類金属　　③ハロゲン

　　　　④希ガス

課題2　以下の①～③が何価のイオンになりやすいかを答えよ。

　　　　①アルカリ金属　　②アルカリ土類金属　　③ハロゲン

課題3　周期表上における金属元素、非金属元素の位置を確認し、金属元素が陽イオンになりやすく、非金属元素は陰イオンになりやすい理由を説明せよ。

課題4　イオン化エネルギーに周期律が見られるのはなぜか説明せよ。

発展課題

遷移元素と呼ばれる元素は、周期表の上下（同族）の元素同士よりも、左右（同周期）の元素どうしの性質が似ていることが多い。これはなぜか考察せよ。

　そう考えると、この課題2はこのままではある程度難易度の高い課題かもしれません。もし生徒がこの課題に対して取り組みにくいようであれば、スモールステップで課題を作り変えてみてもよいかもしれません。

　例えば、課題2の前に、「以下の①～③が何個の最外殻電子をもつか答えよ」というような課題を入れて、最外殻電子の数に意識を持たせて

おいたり、「最外殻電子が何個のときに電子配置は安定になるか答えよ」というような課題を入れたりすると、考えやすくなるでしょう。

　また、単純に課題2の「ヒント」として、「最外殻電子が8個のとき電子配置は安定するので、それぞれの最外殻電子の数がわかれば何価のイオンになりやすいか考えることができる」というようなことを書いておくのも1つの方法です。

　これらのことを、生徒の様子を見てその場で対応してもよいでしょうし、課題に取り組む前に講義で考える材料を与えてもよいでしょう。

＼ 同じ概念を短答型と論述型で問う ／

　課題3は、課題2に取り組む際に上で述べたような理解ができていればすぐに理解できる課題に思えます。しかし、課題2が短答型であるのに対し、課題3は論述型であることが大きな違いです。

　本質的には同じようなことであっても、あえて短答型と論述型の両方で問うということは、生徒にとって意味のあることです。よく起こるのが、課題2がすぐにできたのに、課題3については「頭ではわかっているのにうまく文章で説明できない」というようなことです。

　これは「わかったつもり」の状態にとどまっているという場合です。これを「本当にわかる」ようにするためには、「説明する」ということが非常に有効です。もちろん、他者に説明することでもよいですし、自分で文章にまとめていくことも有効です。

　もちろん、これまで紹介したような手法を用いて難易度の調節をして取り組みやすくしてもよいですが、このような「理解したことを文章で説明する」ような課題は、多少難しくても毎回練習できるとよいと思います。

生徒の対話の中身を授業に活用する

　課題４は、課題３までの流れの中に位置づけられる問いではありますが、難易度はかなり上がります。論述の練習として課題３で十分ということであれば、そもそも内容が難しい課題については、論述型ではなく短答型や正誤判定型につくりかえてもよいかもしれません。

　生徒に取り組ませる中で、対話の内容を聞きながら、「よくある誤概念」のようなものを発見すれば、それをそのまま板書し、その正誤判定をさせることで理解を深めさせることもよいでしょう。場合によっては、その解説を入れることも有効かもしれません。

発展課題は知識の「活用」を意識する

　ここでの発展課題は、学習内容の幹である「最外殻電子の数が性質に大きく関わる」ということが理解できていれば十分に考察可能なものです。このように、発展課題は、「この単元で習得した知識・理解のみを活用することで考察可能なもの」にすることが大切です。

　ここではさらに、もう１つ別な視点からの発展課題を示します。それは、「日常生活や社会との関わりを学ぶ」ようなものです。たとえば、「周期表の上下（同族）の元素同士で性質が似ている実例を探して、他の生徒に紹介せよ。〈例〉Cの結晶であるダイヤモンドもSiの結晶であるシリコンも硬い」というような課題です。

　先ほどのものと違って、調べ学習の要素は入りますが、学習した内容を活用し、日常生活や社会とのつながりを考えていくという点で、知識の活用を意識した発展課題として成立しています。

　また、出てきたものを生徒同士で紹介し合うような活動を入れたりすれば、そこに創意工夫の余地が出てきますし、何を選んでまとめるかなど、「創造性」という点でも広がりが出てくると思います。「調べ学習」も取り入れ方の工夫でいろいろできるはずです。　　　　　（大野智久）

STEP 12 ▸ 地学基礎の ワークシート例

＼「説明型」の課題が基本 ／

　地学基礎は、計算を伴う課題が中心ではないので、生物と課題の作成法や授業のデザインの仕方は基本的に同じであると考えてよいと思います。ここでは、2つの目標に基づいた課題の例を示してあります。

　学習指導要領には、地質時代と生物の変遷の様子を化石からの情報を基に理解するということが書かれています。そこで、2つの目標には、ともに「化石から考える」ような要素が盛り込んであります。

　課題1と2は目標1に対応しています。

　課題1は、見つかる化石が大きく異なることから地質時代が区分されていることを理解してもらうために、中生代に見られ新生代には見られなくなった代表的な生物である恐竜について考えてもらうものになっています。

　課題2は、新生代での生物の進化・変遷について、化石からわかる情報を基に説明するものです。哺乳類の多様化が1つの軸ですが、それ以外にも化石から読み取れるさまざまな情報を教科書などに基づいてまとめてもらえればよいと思います。

＼「最低限」を押さえながら「オープンエンド」にする ／

　課題3と4は目標2に対応しています。課題3は「直立二足歩行」が人類の特徴であることを押さえてもらう課題です。これが人類の進化に

新生代の生物と人類の進化

目　標

1. 新生代の地層に含まれる化石から、どのような生物が消え、どのような生物が現れたのか説明することができる。

2. 人類の特徴と進化の過程について、化石の特徴をふまえて説明できる。

課題1　新生代の地層からは恐竜類の化石は見つからなくなる。これはなぜか説明せよ。

課題2　新生代の地層に含まれる化石からどのようなことが読み取れるか説明せよ。

課題3　人類の特徴を類人猿の違いがわかるように説明せよ。

課題4　人類の進化の過程の様々な化石からわかることを説明せよ。

発展課題

人類の進化の過程では、どのような環境変化に対し、どのように適応していったのか考察せよ。

関して「最低限」押さえておくべきことです。

　人類の化石は頭骨のみが扱われていることも多いので、直立二足歩について考察するのは困難です。しかし、頭骨のみでも化石の比較から自由に考察することは可能です。課題4は最低限を押さえたうえでの「オープンエンド」な課題です。このような課題設定もありえます。

　これらを、環境変化とともに考察してもらえるように発展課題が設定されています。たとえば脳容積に着目すると、ホモ属の登場以前と以後で大きさがかなり変わっていることがわかります。これを、たとえば「森林の減少」という環境変化と合わせて考察してみる、というようなことです。

（大野智久）

STEP 13 アクティブ・ラーニング授業手法① 自分たちで授業をつくる

＼ 自分で授業をデザインするメリット ／

　ここまで授業の基本的な準備について確認してきましたが、ここからは基本的な型から少し外れた授業の型について見ていきたいと思います。最初に紹介したいのが、生徒自身に「授業」をデザインさせる、という課題です。

　次ページのものが、実際に生徒に提示した課題です。この課題では、「内容理解」がゴールではなくスタートになります。これは、内容知ではなく活用知のレベルの課題であるということです。

　この課題には、この章で示した基本的な授業デザインである「目標」「課題」「評価」の要素をすべて盛り込んでいます。

　この授業デザインを実際に一度体験してみることで、自分が受ける授業をメタ的な視点でとらえることが可能になります。

　「木を見て森を見ず」という言葉がありますが、個々の内容理解（＝木）ばかりを考えてしまうと、学習内容の全体像（＝森）を見失いがちです。

　自分で授業をデザインすると、それぞれの学習内容のつながりを考えた上で全体像をとらえ、目標設定をする、つまり「木を見て森を考える」ような活動が生まれます。すると、それ以後の学習活動でも「常に森を意識しながら木を見ていく」、つまり「全体を意識しながら個々の内容を理解する」というような態度で臨めるようになるかもしれません。

自分の興味を持った生物学に関わるテーマを1つ取り上げ、「授業プリント」「参考資料」「確認問題」を作成せよ。

①授業プリント
- A4用紙2枚までにおさめること。
- 授業の「目標」と、その目標を達成するための具体的な「課題」をはっきりと示すこと。

②参考資料プリント
- 授業プリントを進める際に、必要となる背景知識で、教科書だけでは足りない部分を補うための参考資料プリントを作成すること。
- 分量は多くても少なくてもよいが、授業プリントと合わせて100分で終了できる分量を想定すること。

③確認問題
- 授業の「目標」が達成されたかどうかを確認するための確認問題を作成すること。
- 問題の形式として以下のA、Bの要素を必ず盛り込むこと
  A. 選択問題
  B. 論述問題
- 作成した問題の解答例も作成すること。

　課題の内容について、①ではA4用紙2枚までと制限をつけています。これは、限られた枠の中で情報を整理する力の育成につなげるねらいがあります。②に示した100分で終了できる分量というのも同様です。また、参考資料を任意に作成可能なことは、教科書の記述のみにとらわれずに、課題の自由度を上げるための工夫です。

　③の確認問題は、試験問題等でなされる「評価」の部分までをメタ的な視点でとらえられるようになるための練習として位置づけています。

（大野智久）

STEP 14 アクティブ・ラーニング授業手法② ディスカッション

＼ ディスカッションは「集団の納得解」を目指す ／

　続けて紹介したいのがディスカッション型の課題です。これは、考察型の課題と似ていますが、対話を通じて「集団としての納得解」を目指すという点で目的が異なります。ですから、生徒に提示する課題は、最終的にある提案をするような形式のものがよいでしょう。実際に扱ったことのあるテーマを下に示します。

> **ディスカッション型の課題例**
> ①遺伝子検査に関して今度どのような法整備が必要か提案せよ。
> ②「持続可能な社会」を実現するために、生態学に関して市民はどのような知識を持つのが望ましいか提案せよ。
> ③iPS細胞などの再生医療の研究は、今後どのように進めていくべきか提案せよ。

＼ ディスカッションで行うメリット ／

　通常の説明型課題や考察型課題に比べてディスカッション型課題ではどのようなメリットがあるのでしょうか。1つは、集団の多様性を知る機会になるということです。さらに、提案をまとめる段階で、多様な考え方がある中での折り合いのつけ方の練習にもなります。

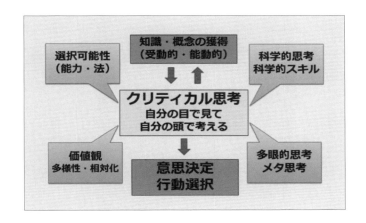

　また、図に示すように「よりよい意思決定・行動選択」のためのクリティカル思考に必要なさまざまな要素を取り入れることができます。

　クリティカル思考の「クリティカル」とは、「批判的な」という意味に解釈されることもありますが、それでだけではなく、物事の本質をとらえていくようなイメージを持つことが重要です。とくに、ELSI（倫理的・法的・社会的問題）の視点を入れることができる点はディスカッション型課題の大きなメリットです。

　ディスカッション型課題によって獲得を目指す能力は、「よき市民」としての要素です。普段からアクティブ・ラーニング型授業を展開していることで、生徒たちは「答えのない問い」に対して向き合うことには慣れているはずです。授業に、ここで示したようなディスカッションの要素が加わることによって、客観的でバランスの取れた見方を身につけたり、さまざまな視点から物事をとらえ、多様な価値観を知り、自分の価値観を相対化したりする練習ができます。

　これらの経験は、主体的に社会に関わり、よい社会をつくる当事者としての意識を涵養するシチズンシップ教育にもつながるものです。内容理解だけでなく、このようなディスカッションもぜひ取り入れられるとよいと思います。

（大野智久）

STEP 15 アクティブ・ラーニング授業手法③ プロジェクト学習

＼ プロジェクト学習とは ／

　授業手法の応用編として最後に紹介したいのが、プロジェクト学習です。初めて耳にされる方や、聞いたことがあるけれどどのようなものかよくわかないという方もいるかもしれませんので、まず概要について説明します。

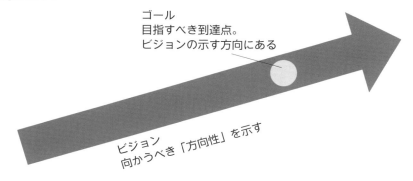

ゴール
目指すべき到達点。
ビジョンの示す方向にある

ビジョン
向かうべき「方向性」を示す

　プロジェクト学習は、文字通り「プロジェクト」を中心とした学習です。プロジェクトにはビジョンとゴールがあります。

　ビジョンとは、向かうべき方向性です。たとえば「持続可能な社会をつくる」というようなことが考えられます。しかし、これだけでは抽象的で、何をしたらいいのかわかりません。

　そこで、ビジョンの示す方向性に沿ったゴールを設定します。たとえば、「持続可能な社会を築くために国民として持つべきリテラシーとは何か提案する」というようなものです。

ゴールは、それが達成されたかどうかが確認できるものであり、かつ提案型の独自の成果物をつくるような設定のものがよいでしょう。以下にプロジェクト学習の課題例を示します。

プロジェクト学習の課題例
課題1　生態分野の学習内容の中で、「生活で役に立つ内容」と「世界を見る目を豊かにする内容」に該当するものを整理せよ。
課題2　「持続可能な社会」を実現するために必要な市民のリテラシーとしての生態学の内容をA4用紙1枚にまとめよ。

　ここでは、成果物として「A4用紙1枚でのまとめ」を作成させますが、提出後に成果物のプレゼンテーションを行わせることも効果的です。発表時間は各グループ数分程度の短いものでもよいでしょう。

　大切なのは、そのような機会を設定してあげることと、それを互いが聞き、互いの発表からさまざまな気づきを得ることです。

　そもそもアクティブ・ラーニング型授業は、「教えるだけでは獲得できないもの」を、生徒自身がさまざまな活動の中で獲得していくことを目指しています。プロジェクト学習は、単なる教科・科目の内容の理解だけではないので、生徒にとっては貴重な経験の場となります。プレゼンテーションに関しては、P152〜153の内容も参考にしてください。

　実社会、とりわけ企業では、プロジェクトで仕事を進めていく場面が多く存在します。そこでは、「ビジョンとゴールの共有」など、「目的」をチームのメンバーと共有し、自分のできることで主体的にプロジェクトに関わっていくことが必要です。

　プロジェクト学習は、そのために必要な考え方や態度を身につける練習にもなる、効果の高い方法です。小さいものでもよいと思うので、ぜひ一度試していただきたいと思います。

（大野智久）

アクティブ・ラーニングは
なんでもアリではない

「**新**」たな未来を築くための大学教育の質的転換に向けて〜生涯学び続け、主体的に考える力を育成する大学へ〜（答申）」にアクティブ・ラーニングの定義があります。以下の通りです。

「教員による一方向的な講義形式の教育とは異なり、学修者の能動的な学修への参加を取り入れた教授・学習法の総称。学修者が能動的に学修することによって、認知的、倫理的、社会的能力、教養、知識、経験を含めた汎用的能力の育成を図る。発見学習、問題解決学習、体験学習、調査学習等が含まれるが、教室内でのグループ・ディスカッション、ディベート、グループ・ワーク等も有効なアクティブ・ラーニングの方法である。」

思いつく限りの方法を併記し、最後に「等」をつけています。そして、「総称」であると述べています。だから、方法は何でもアリです。しかし、社会で生きられる大人を育てられなければアクティブ・ラーニングではありません。

アクティブ・ラーニングのポイントは「認知的、倫理的、社会的能力、教養、知識、経験を含めた汎用的能力の育成を図る」の部分です。何気ないようですが、「認知的（つまり今まで教科学習で教えていた知識技能）」と並列で、「倫理的能力」「社会的能力」を育成することが求められているのです。

社会で生きられる人は、「企画を生み出し、その人と一緒に仕事をしようとする人に恵まれる人」「英語を通して、他の人の役に立てる人」です。具体の仕事と倫理的能力、社会的能力を融合している人なのです。それを、学校教育の多くを占めている教科教育で育てるのです。

（西川純）

CHAPTER

3

アクティブ・ラーニングの
授業の実際

STEP 1 ▶ アクティブ・ラーニングをなぜするのか生徒に伝えよう

＼ 多くを語る前にまずは実践してみよう ／

　アクティブ・ラーニングを初めて経験する生徒は、これまでとは違う授業の形に戸惑うかもしれません。そのような生徒の疑問や不安を解消するために、教師はなぜアクティブ・ラーニングをするのかを説明できることが望ましいです。

　説明の切り口はたくさんあります。たとえば、「社会の変化とともに求められる力が変化してる」「アクティブ・ラーニングが最も効率がよい学習法である」「アクティブ・ラーニングで仲間と問題を解決する力がつく」などです。実践者自身がいろんな切り口で説明できるようになることは、アクティブ・ラーニングをする目的をしっかり理解することと同義だと思います。

　しかし、やや矛盾するように感じるかもしれませんが、アクティブ・ラーニングを実践する前に生徒にさまざまな情報を与えることがよいとは限りません。むしろ、こちらから説明することはできるだけ少なくしましょう。なぜなら、一度にたくさんの話をしても、結局生徒はすべてを理解できないからです。つまり、教師がアクティブ・ラーニングをする目的を理解することは大切ですが、生徒にその目的を一度に多く語る必要は必ずしもないということです。多くを語ろうとする前に、まずは形に示したままに実践してみることです。

　何度か実践していくうちに、これまでまったく見えていなかった生徒の姿を見ることができるでしょう。そして、自分自身がこれまで思いも

しなかったことを考え、たくさんの疑問が出てくると思います。

　まずは、アクティブ・ラーニングを体験することで生徒も教師も一歩前進できます。アクティブ・ラーニングの導入は早ければ早いほど生徒にとっても教師にとってもよいはずです。準備は難しくありません。明日からでも実践できます。

＼ 全員が目標を達成することを求める ／

　生徒が主体性を持ち、多様な人と折り合いをつけながら課題を解決していく力を身につけることがこの授業の目的の１つです。

　『学び合い』に基づくアクティブ・ラーニングでは授業時間に「一人も見捨てない」ことを大切にします。このようなマインドがゆくゆくは「一人ひとりが大切にされる社会」を作っていくと考えます。

　たとえば、一斉講義型の授業では、教師が準備してきた授業についていける生徒もいれば、ついていけない生徒や簡単すぎて退屈してしまう生徒などもいるはずです。教師が一斉講義型の授業でそのような生徒を生み出してしまうのは当然です。すべての生徒に合った授業など存在しないからです。すると、教師は後者の生徒を授業中に見捨てていることになります。

　まず「全員が目標を達成する」ことを求めてください。おそらく、生徒の中には「なぜ全員達成することを求めるのか」と疑問に思う人が出てくるかもしれません。

　そのような時は、一人も見捨てない集団の大切さを語ってください。つまり、「一人も見捨てない集団とは、自分自信が見捨てられない集団である」ということです。「課題がわかったら、わからない人に声を掛ければよい。そうすれば、あなたがわからない課題をわかる人が教えてくれるでしょう」と説明してください。

（菊池篤）

STEP 2　状況によって、生徒に語る内容を変えよう　1

＼ 高校に特有の問題点 ／

　前ページで述べたように、『学び合い』は「一人も見捨てない」集団の形成を目指します。そうは言っても、高校生になればそれなりの価値観が形成されているはずです。

　小中学校時代の苦い経験や他者からのレッテル貼り、偏差値による序列化などから、生徒の授業中における仲間同士の関わりは「助け合う」より「競い合う」ものという意識が深く根を下ろしているかもしれません。「そんなの無理だ」と言う生徒も出てくるかもしれませんし、残念ながら、学校やクラスがあまりにも多様な高校において、確実な解決策はありません。強いて1つ挙げるとすれば、教師の持っている価値や願いを生徒にそのまま語ること。たとえば、以下のようにです。

＼ 「人は多様であること」を伝える ／

　「みなさんはテストで高得点を取れる生徒が『よい生徒』、取れない生徒が『ダメな生徒』と思っていませんか？　でも、私はそんな風には思いません。テストで測れるのはその人のある限られた能力だけです。

　また、先生の説明ですぐに理解できる人がすごいわけでもありません。人によって感じ方が異なるように、ある人の説明がわかりやすいかどうかは人によって異なるのですから。大切なのは、わからないことを素直に「わからないから教えて」と言え、わかったら「わからないとこ

ろある？」と声をかけられることだと私は思います。

　よくないのは、わかる人がわからない人を見下すことです。「あいつはこんな簡単なこともわからない」なんて思わないでください。これまで、その人にとってわかりやすい説明に出会ってこられなかっただけかもしれません。

　大切なのは、クラス全員で対等に話ができることです。人は多様で、それぞれ得意・不得意を持っているのです。みなさんなら、それを補い合って毎時間の課題を達成できるはずです」

＼ 「人とつながることが必要なこと」を伝える ／

　「クラスには初対面でもフレンドリーに話ができる人がいれば、極度に人見知りの人もいます。また、自分と気の合う人とそうでない人がいます。仲の良い友達同士がグループになることはよくあることです。中には、グループ同士の対立を経験した人もいるのではないでしょうか。人によって価値観は多様ですので、当然のことです。

　みなさんは社会人になった時、職場で一緒に働く相手は選べません。そして協力なしでは仕事が進みません。つまり、あまり仲よくなかったとしても同じ仕事をする仲間としてつながる必要があります。つながるとは『いつでも助けを求められる関係をつくる』ということです。関わりが薄くても、授業中の課題を通じてつながることは可能です。

　知らない人や関わりの薄い人同士でも、そのようにつながることで、自分一人では無理だった課題が解決できるかもしれないのです。自分が希望を叶えたい時にも同じことがいえます。結果的に自分にとってメリットが多いのです。そして、つながる人数が多ければ多いほど、解決する力も相乗的に大きくなります。みなさんは、人とつながって、大きな課題も解決する力を持っています」

（菊池篤）

STEP 3 ▶ 状況によって、生徒に語る内容を変えよう　2

＼「みんなにとってさまざまなメリットがあること」を伝える／

　授業そのもので得るメリットを語る方法もあると思います。下記に示すのがその一例です。

　「みなさんがこれから取り組むアクティブ・ラーニングはこのように進められます。たとえば、私が『教科書p○〜○を読んで理解し、練習問題を解説する』という課題をみなさんに提示します。みなさんはまず、教科書を読み始めます。すると、教科書を読んですぐに理解できたＡさんが練習問題を解き、課題を終わらせます。Ａさんは教科書を読んでもなかなかわからないＢさんやＣさんに説明します。ＢさんはＡさんの説明によって理解できました。しかし、Ｃさんはまだ理解できていません。ＢさんはＣさんに説明します。するとＣさんは理解できました。こうした活動の流れが、３人ではなくクラス全体で起こるのです。すると、みなさんの関わり合いは非常に複雑になります。では、このような授業には一体どのようなメリットがあるでしょうか？

①自分に合った説明で理解できる

　私が話した例では、Ｃさんは教科書を読む→Ａさんの説明を聞く→Ｂさんの説明を聞く→内容理解という流れでした。つまり、教科書の情報を含めれば、３通りの説明を聞くことができたことになります。クラスの人数だったら、何通りもの説明を聞くことができます。

　一斉講義型では、一瞬でも聞き逃したり、説明で引っかかることが

あっても、その場で質問しにくいと思います。でも、この流れの中では、対話を通じて徹底的に理解を深めることができます。

②教えることで理解が深まる

Ａさんは教科書を読んだらすぐに内容を理解できる生徒です。Ａさんのような生徒は誰かに説明することで、さらに理解が深まります。

これまでであれば、一斉講義型の授業ではＡさんも、実は『理解したつもり』になっている可能性があります。本当に理解できたかどうかは『説明できるかどうか』で確かめることができます。ＡさんがＢさんに説明をしていくうちに、Ｂさんから質問されたら、自分の言葉で答えられなければいけません。もしかすると、Ａさんの考えもしなかった本質を突く質問がＢさんから出るかもしれません。Ａさんは自分がまだ理解できていないことに気づき、そこを追究していくことでさらに理解が深まるでしょう。

このように、対話によって同じ内容をいろんな角度から見たり、掘り下げたりすることが可能になるのです。

③受け身から能動的になれる

一斉講義型の授業は椅子に座っているだけで情報を与えられ、それを受け取るかどうかだけがみなさんに委ねられます。みなさんはこの時、自然と受け身になっています。自分で選択する機会もなければ、何が必要か考えることもしません。それに慣れてしまうと、与えられなければ何もできない人になってしまいます。

アクティブ・ラーニングでは、必要な情報は自分から得ようとしない限り得られません。つまり、能動的な姿勢にならざるを得ないのです。この経験はみなさんを能動的に考え、行動のできる人間に成長させるでしょう。みんなが能動的になれば、この集団はどんどん前に進むことができます。もっとも理想的な状態は、生徒集団がやるべきことを考え、自律的に活動している状態でしょう。そのような生徒集団の中では一人ひとりが自分の強みを活かして、どんどん成長できるはずです」

（菊池篤）

STEP 4 : はじめて アクティブ・ラーニングを やってみるときの工夫

＼ 緊張感のある場の雰囲気を和らげる ／

　アクティブ・ラーニングを導入する際は、クラスの雰囲気なども考慮しながら、さまざまな工夫をするとよいと思います。初めてアクティブ・ラーニングをするクラスが、みんな緊張していたら、場の雰囲気を和らげるワーク（アイスブレイク）をしてもいいでしょう。

　参考までに、以下にその具体例を挙げます。

1　バースデイライン（必要なもの：B7 サイズの白紙、ストップウォッチ）

　①　B7 サイズ程度の小さな紙を 1 人 1 枚配布し、そこに自分の誕生日を書く。

　②　開始の合図で、タイムを計る。誕生日が早い順に 1 列に並ぶ。その際、言葉を発したり、文字を書いてはならない。

　③　全員が並び、隣の人と手をつないで、手を挙げたら終了。

2　バラバラ 4 コマ漫画（必要なもの：グループ数分のバラバラにした 4 コマ漫画、ストップウォッチ）

　①　4 人グループを作り、各班にバラバラにした 4 コマ漫画を配る。

　②　開始の合図で、タイムを計る。自分の持っているコマと合う残りの 3 人を探し、机に座り 4 コマ漫画を完成させる。

　③　すべてのグループが 4 コマ漫画を完成させたら終了。

　　いかにタイムを縮められるか、ほかのクラスと競ってもいいでしょ

う。これらのアクティビティは、2つとも全員が協力しなければタイムも縮まらず、ワークも終わりません。バラバラ4コマ漫画は、グループで競っても構いませんが、これからアクティブ・ラーニングを実践していく上で大切な考え方は、「グループ間でタイムを競う」ことではなく「クラス全体がタイムを縮める」なのです。その感覚を始めに掴んでもらう意味でも、このワークは有効かもしれません。ぜひ試してみてください。

このほかにもアイスブレイクにはさまざまな方法があります。本やインターネットを利用して情報を集めてみてください。あくまで目的は「場の雰囲気を和らげ安心感を与える」ことです。

＼ 仲間との対話を促す ／

生徒がアクティブ・ラーニングに慣れないうちは、授業中に席を立つことや、仲間と対話をすることを躊躇するかもしれません。

そのような場合、教師側で6人グループを作ってもいいでしょう。たとえば、授業の始めにくじやトランプなどを用いて、ランダムにグループを作るのです。上述のワークでできたグループからそのまま活動に入るのもありです。

グループにさせるのはあくまで「仲間との対話を促す」ことが目的です。方法はこれだけに限りません。隣の人とのペアワークでもいいでしょうし、ほかのよい方法があるかもしれません。

積極的に話し始めた様子を見て、頷いたり、微笑んだりして、「それでよい」というサインを出すと生徒も安心するでしょう。「対話をすることがよい」とされる場を教師から作るのです。

しかし、どうしても話をしたくないという生徒もいると思います。そのような生徒には、無理に対話を促す必要はありません。生徒の意思を尊重し、気長に見守ることも教師の仕事です。

（菊池篤）

STEP 5 ICT機器を活用しよう
～上手なつき合い方を学ぶ

＼ スマホは便利な道具だけど… ／

　高校の場合、学校によりますが、スマートフォンなどの携帯端末の持ち込みを許可しているところがあります。授業中の使用は禁止し、それ以外の時間は使用可としているのです。

　アクティブ・ラーニングを始めると、「スマホで調べたい」という生徒も現れるかもしれません。このような時、もし自分の授業だけでもスマホの利用を許可できるなら、すぐに「ダメ」と言う前にスマホを使って自分たちが知りたいことをすぐに調べられる環境を作ってみるのもいいと思います。

＼ スマホとのつき合い方は使わなければ覚えない ／

　そうは言っても、スマホの使用を許可して、生徒が授業に関係のないことに使い始めないかは心配だと思います。

　実際、スマホを使用許可すれば生徒は喜んでスマホで調べ物をし始めるでしょうが、徐々に授業とは関係のないことに使用し始める生徒が出てくるでしょう。とくに日常的にスマホゲームやSNSにハマっている生徒は、ついついそちらに誘惑されてしまうかもしれません。

　そのような場合、直接個人に注意せずに、しばらく様子を伺いましょう。現認せずに直接生徒に「ダメ」と言うことは、疑いをかけることになり、生徒との関係悪化につながりかねません。生徒のスマホを覗いて

80

確認しなくてもよいのです。授業の途中で教室全体に以下のように話してください。

「残念ながらスマホで課題とは関係のないことをしている人がいるように見えます。君たちが課題に取り組んでいるかどうか、こちらから見ていてもわかりません。きっと一生懸命調べていると私は信じています。

大事にしたいのは、自分たちで自分たちをコントロールする力です。もし、隣の子がスマホでLINEをやっていたら、その子はきっとまだ自分で自分をコントロールできない人です。

仕方がありません。コントロールできないのであれば、仲間同士で約束しなさい。それでもコントロールができそうにないなら、教室の中にルールをつくりなさい。

ルールとはクラス全員との契約です。社会のルールもそのように成り立っています。ルールを作ったら徹底して守らねばなりません。どんな事情があろうと、ルールは破ってはならないのです。でも、理想はそのようなルールがなくてもすべての人が快適に生活できることです。

そのために、この授業で自分たちで自分たちをコントロールする力をつけてください。君たちが学校に来て、このクラスで学ぶ意味はここにあるのではないでしょうか。だとすれば、いまのこの状態は君たちにとって素晴らしい経験なのかもしれません。いまこそ学ぶ時です。君たちならできます」

スマホとのつき合い方は、使わなければわかりません。教師の目の前で失敗させ、正していけばよいのではないでしょうか。教師は焦らず、彼らの失敗を明らかにし、成長を見守ることが大切だと思います。もし、個人でスマホを使わせるのが不安であれば、ほかのICT機器（ノートPCやタブレット端末）を数台だけ用意し、教卓の上に置いておくなどするとよいと思います。必要があれば、生徒は使用するでしょう。

（菊池篤）

STEP 6 ICT機器の限界も生徒に教えよう

＼ 結局スマホで調べてもわからない ／

　ここまで、スマホを使用すること推奨しているかのように説明してきました。しかし、実はスマホが万能ではないことも生徒には知ってもらう必要があると思います。

　たとえば、課題「教科書p〇～〇を読んで理解し、練習問題を解説する」という課題に取り組むとき、生徒の中には教科書も開かずに一目散にスマホで検索を始める人がいます。そして、スマホに載っていることを書き写し、課題をすべて終了させてしまうのです。そのような生徒には、「今日は何がわかった？」と聞いてみましょう。もしかしたら、その生徒はスマホに載っていることを書き写すことを「理解すること」と勘違いしている可能性もあります。

　ある生徒から「教科書と、ネットの説明が違うからどちらが正しいのかわからないのですが？」と質問されたことがありました。

　私は全体に向けて、以下のように話をしました。

　「同じことを説明しているのに教科書とネットでは書かれていることが異なる。なぜでしょうか？　どちらか正しくてどちらかが間違っているというわけではないと思います。『誰のために書かれているか』が異なるのです。教科書は高校生が読むために『読みやすく適切な難易度で』書かれています。ネットは不特定の人のために『難易度は高くてもより詳細に、正確に』書かれています。だから、当然教科書の方がみなさんには合っているはずです。

スマホは便利ですが、結局教科書を読めなかったら、ネット上に書いてあることもわからないでしょう。ですから、教科書を何度も何度も読んで、わからなかったら友達に聞くことをお勧めします。スマホは万能ではありません。スマホよりもここにいる集団の力の方が大きいはずです」

「わかったつもり」から「本当にわかる」へ

大切なのは「目標」が達成できたかどうかです。多くの場合、「課題を終わらせること」だけに気が向いてしまいます。そのような場合は以下のように話をします。

「課題を終わらせることが今日の目標でしたか？　課題を終わらせることと、目標を達成することは意味が異なります。大切なことは目標を達成できたかどうかです」

多くの生徒は自らじっくり教科書を読むという経験がないと思います。生徒によっては、先に課題を見て、それに合うような答えを教科書から見つけようとします。国語の読解問題のようにです。しかし、答えを埋めるだけでは、本当にわかったことにはなりません。では、そのような「わかったつもり」の状態から、どうすれば「本当にわかる」ようになるのでしょうか。

前述しましたが、「説明できるかどうか」はその指標になるかもしれません。もし、ちゃんと説明できなくても、相手に伝えようとすれば、「それってどういうこと？」という返事は返ってくるでしょう。そこから、対話が生まれます。この自然な対話の中で生徒は理解を深めていくことができるのです。つまり、どんなにスマホを使いこなせるようになり、調べることがうまくなっても、「本当にわかる」ためには、「他者との対話が必要」と生徒に気づかせることが大切だと思います。

（菊池篤）

STEP 7 評価の位置づけを考えてみよう
～評価は学びの潤滑油

＼ エバリュエーションとアセスメント ／

　評価というと、学期末に生徒に渡す通知表の評定をイメージすると思いますが、評価はそれだけではありません。以下に述べるように、私たちは教育活動の中で生徒に対して頻繁に評価という「価値づけ」を行っていることを自覚する必要があると思います。

　たとえば、校長先生が全校生徒の前で「先日の体育祭は、みんなとてもよく頑張りました」という一言は、その例えになるでしょう。これは、褒め言葉ですが、生徒の体育祭での活動を評価しているといえます。部活動では、練習の最後に顧問の教師が、生徒を集めてミーティングをすることがありますが、そこでは、今日の活動のよかったところや悪かったところについて話をすると思います。これも評価の1つといえるでしょう。

　このように、評価には通知表の評定に代表される、数値で到達度を示す「エバリュエーション」と、個人や集団の状況を診断し、今後の活動につなげるために与えられる「アセスメント」があるといわれています。

＼ よく評価されることが「目的」ではない ／

　授業をしていると、生徒から「先生、それノートに書きますか？」「ここテストに出ますか？」「プリントは提出しますか？」と聞かれることがあります。

84

生徒のこのような質問の背景には、ノートやプリントを完成させて提出することや、テストで高得点を取ることで「よい評価」がもらえるという意識がうかがえます。そうだとすれば、残念ながら、生徒は評価のために授業を受けていることになります。つまり、よく評価されることが「目的」になってしまっているのです。さらに、教師側の評価のスタンスが、生徒の本質的な学びを阻害している可能性もあるのです。ノートやプリントの提出を課さないと学ばない生徒を生み出してしまっていることを否定はできないでしょう。評価が「目的」ならば、それがなくなってしまえば、学ばなくなるのは当然のことです。

　生徒への褒賞や懲罰もこれらの評価と同じ意味を持つでしょう。このような外発的動機づけは、生徒の主体性を損なう可能性があることは十分理解しておく必要があると思います。

＼ 評価は「学びの潤滑油」 ／

　では、評価は本来何のためにあるのでしょうか。エバリュエーションは達成すべき目標に対して、生徒がどれくらい到達できたかをフィードバックするものと考えます。つまり、個人の学習到達に対する評価といえるでしょう。

　これに対し、アセスメントは生徒自身では見えにくい視点から個人や集団の状況をフィードバックするものと考えます。主に個人や集団の態度・行動などに対する評価と考えます。

　いずれにしても、これらの評価の目的は、学習者の姿を客観的に提示し、学習者自身が振り返りをしやすくするためのものだと思います。これによって、これまでの学習を見直し、よりよい学びへと改善していくことを可能にするでしょう。評価は「学びの潤滑油」です。生徒の主体的な学びを促進できる評価のあり方を常に意識し、実践できるように心がけたいところです。

（菊池篤）

STEP 8 ▶ 達成度と学びの質を 評価しよう

＼ 目標と評価の一致 ／

　生徒は達成すべき目標を目指して学びます。教師は、生徒が「本時で何を目指すべきか」を把握して授業に臨むことが大切です。ですから、授業中も自らに「本時は何を目指しているのか」と問い、学習内容を見失っている生徒にも「今日の目標は何か？」と声をかけるとよいでしょう。

　このことは、授業毎の目標に限らず、単元毎や年間の授業全体においてもあてはまります。年間を通じて、授業案や課題を考える時、試験問題を考える時など、逐一目標に立ち返ってみる必要があります。

　目標に対して、生徒がどれほど達成できているかを示すのが評価（エバリュエーション）です。大切なことは、教師が示す目標と評価が一致していることです。

　目標を提示しておきながら、評価が目標に沿ったものでなければ、適切な評価とはいえないでしょう。そのように考えれば、生徒の活動の見方や、試験問題の作り方も目標を意識したものになると思います。

＼ エバリュエーションは試験で ／

　個人への評価は主に試験で行えばよいと考えます。あくまで、こちらが提示した目標がどれほど達成できたかどうかの評価です。ここでも、目標と評価の一致に気をつけなければなりません。

試験問題が目標に沿った問題でなければ、どんなに目標を目指してきた生徒でも、それらを達成できたかどうかを評価できません。また、試験問題がある目標にだけ偏っていても達成度は測れないでしょう。

　提示した目標1つひとつに到達できたかどうかを満遍なく測れ、点数化できる試験問題が望ましいです。試験問題を作ったら、それぞれの問題がどの目標に基づいたものなのかをチェックしてみましょう。

＼ 学びの質のアセスメント ／

　アクティブ・ラーニングでは個人への評価だけでなく、集団への評価（アセスメント）も大切です。具体的には、前述した校長先生の話や部活動のミーティングのような教員からの「価値づけ」のことを指します。つまり、あるタイミング（授業の最後、単元終了時、学期末や学年末など）で、集団が目標を達成できたかどうかなどを評価するのです。

　では、個別に評価をしてはいけないのでしょうか？　集団の中で個人を評価することは、評価を受けた当人だけではなく、クラス全体にも影響を与える可能性があります。クラス全体の前で特定の生徒にダメ出しすることで、クラス全体に「あの子はダメな生徒」という価値観を与えてしまっているかもしれません。これが常態化すると、クラス内が分裂したり、生徒の孤立を生んだりする可能性があります。

　教師は特定の生徒に対して注意をすることが多々あるかもしれませんが、同様の注意が必要だと思います。無意識下の「レッテル貼り」は教師から始まり、クラスに波及していくからです。レッテル貼りによる生徒の言動の悪化、いじめや暴力に発展する可能性も考えられます。教師のレッテル貼りが、そうした事態を招くことは否定できないと思います。教師はできるかぎりクラス全体を見るようにしましょう。そして、気になったことをメモしておき、授業の最後に全体へ語るようにするとよいと思います。

考査の平均は何を意味する？

　考査結果は、個人への評価だけでなく集団へのフィードバックにも活用できます。詳しくは、「考査結果の分析」（P120 〜 121）で述べます。ここでは、平均点の統計学的な意味を考えてみましょう。

　多くの生徒は答案返却で自分の点数がわかると平均点を知りたがります。そして、ほとんどの先生は平均点を教えると思います。すると、生徒は自分の点数が平均点よりも上か下かを比較し、周囲の人（という漠然とした対象）より出来がよかったか悪かったかを判断します。平均点は自分と周囲を比較するための基準であると解釈されているようです。しかし、平均点をそのように捉えてしまっていいのでしょうか。

　以下の 2 つのヒストグラムは 40 人クラスの定期考査（100 点満点）における、10 点刻みの得点分布の例です。実は、どちらも平均点は53.5 点です。左のグラフでは平均点付近の人数が最も多くなっており、右のグラフでは平均点の前後に山のピークがあります。このように、平均点の数字は同じでも、集団の様子は異なります。右のグラフのような分布を示す集団において、平均点によってなされる周囲の人との比較は妥当ではないということです。もし、集団の中における自分の位置を知りたいのであれば、本当に知る必要があるのはクラスの得点分布なのです。

　しかし、生徒に対して分布を示すことにはもっと大切な目的があります。それは、「集団の様子」を可視化することです。右のグラフでは、考査の出来が二極化していることが一目でわかります。もしかしたら、このようなグラフを示すクラスでは、生徒集団の二極化が起きている可能性も考えられます。

　このグラフを見て、集団における自分の位置を知ることだけでなく、今後自分がどのように学んでいけば集団がよりよい方向へ進むかを生徒たち自身で考えていけるようにファシリテートできるとよいでしょう。

40人クラスの定期考査（100点満点）における、10点刻みの得点分布図

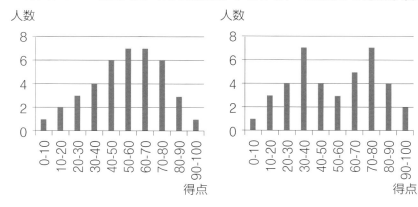

主体的に学ぶ個人＝自己評価できるようになること

　ここまで、教師が行う評価を話題にしてきました。

　アクティブ・ラーニングの目指すところは「アクティブ・ラーナー」の育成でもあります。誰にも言われずに、自ら学ぶ人を育てるためには、最終的には自分がどれほど目標を達成しているのかを評価し、さらに学びを進めていくような学びのサイクルを回せることが大切です。

　たとえば、毎時の目標を一覧表にしたものは、生徒が自己評価をする上で役に立つでしょう。単元の初めに配れば、この単元で何を達成すべきかの全体像を見せることができるので、自分で学習を進めて行くこともできます。考査直前にこのような表があれば、自分でチェックしながら、達成できていないところがわかります。すると、テスト勉強も闇雲ではなくなるでしょう。

（菊池篤）

これからの教師の
職能とは何か？

● ▲ ■ ● ▲ ■ ● ▲ ■ ● ▲ ■ ● ▲ ■ ● ▲ ■

ある日、学生さんに今後の学校の未来の姿を語りました。

成績上位層の保護者（医者や弁護士等）が礼儀正しく、「成績中位の子どもに合わせた授業では、我が子の学力保証ができない。ついては、先生の授業は邪魔しないので、こちらで用意したタブレット端末で勉強させてほしい」と校長と担任に申し入れるのです。

反転授業の行き着く先は、全転授業になります。私は学生に現状のネット上のコンテンツの実態を語り、近未来のコンテンツを語りました。

その時、どう返答したらいいかを聞きました。みんな黙ってしまいました。ある学生が「でも、一人でも許したら、誰も私の授業を聞いてくれなくなる」と言ったので、私は「それは、あなたの都合だよね。学校教育は教師のためにあるのではなく、子どものためにあるんだよ」と言うと黙ってしまいました。学生さんは重苦しい雰囲気になりました。

そこで、私は学生さんにこう言いました。

「タブレット端末にできるようなことはタブレット端末に任せればいい。所詮、ツールじゃないか。今の授業だって鉛筆を多くの時間使っている。教師が鉛筆を作って子どもに配付するなんてバカなことはしないよね。鉛筆が売っているなら、それを使えばいい。タブレット端末のほうが有効な部分は任せればいいんだよ。

じゃあ、教師は何をすればいいか。それはタブレット端末、また、タブレット端末に写っている教師にはできないことをすればいい。それは人の道を語ること。具体的にはクラスはチームであることを語ること。そして、子どもたちのやる気に火をともすこと。君たちの多くは経験済みだよ。それは部活だ。今後の教師は部活の顧問のような立場になるべきなんだよ」

（西川純）

CHAPTER

4

授業を振り返り、
生徒の反応を見取ろう

STEP 1
明日からアクティブ・ラーニングをやってみよう
～兎にも角にもまずは実践

＼ 実践すれば見えてくるものがある ／

　ある民間企業の人事の方が、これまで多くの世代の採用に関わっていく中で、「行動するより先に、マニュアルを読み込む若者が多くなった」と言っていたことを思い出します。

　責任感が強く慎重に物事を進め、失敗しないために入念な事前準備ができるというプラスの側面もあれば、失敗を恐れて新しいことに躊躇したり、大きな成長につながる貴重なチャンスを逃したり、ここぞという場面で大切な一歩を踏み出せないなどの惜しい側面もあると思います。

　アクティブ・ラーニングを実践してみれば、字面で学ぶだけでは得られない体験ができるはずです。とにかく１時間だけでも実践してみることをお薦めします。「まずはやってみよう、それから考えよう」という姿勢も大切です。「教育に失敗は許されない」と強く思い込んでいる方もいると思います。でも、教育における「失敗」とは何でしょうか。逆に、現状の教育活動は常に「成功」しているでしょうか。教育は人と人との複雑な関わりの中で成立するものと思います。誰もが集団の中で失敗をし、周りに支えられて成長していくものだと思います。それは、生徒も教師も人間である限り、違いはないと考えます。アクティブ・ラーニングは全国的に広がりを見せており、導入する時期は熟していると思います。

明日の授業をアクティブ・ラーニングに

　ここまで本を読み進めていただいたみなさんは、既にアクティブ・ラーニングを実践できるはずです。授業を実践するにあたってこれ以上読み込むマニュアルはありません。明日からでもアクティブ・ラーニングの授業を実践してみましょう。とにかくやってみることです。準備もあまり時間をかけすぎずに以下のようにシンプルにやってみましょう。

　授業の始め5分で「目標：教科書p○〜○の内容を理解する。」「課題：教科書p○〜○を読んで理解し、友達3人に説明する。」と板書をし、次のように話をします。

　「今日は、いつもと違った授業をしてみようと思います。今日の授業の目標は黒板に書いた通りです。授業終了時間5分前までにこの目標を達成するために、クラス全員が課題に取り組み、一人残らず目標を達成してください。その際、席を移動して、誰と課題に取り組んでも構いません。とにかく全員が目標を達成することを目指してください。終了5分前には席に戻ってください。ではどうぞ」

　これで、導入は終わりです。席を立って友達と相談することをどんどん推奨しましょう。

　生徒が活動中は、教室全体を俯瞰してください。また、生徒の発言に耳を傾けてみましょう。教室を観察しながら、生徒が何をしているか、何を感じているか、何を考えているかなどを想像してみましょう。メモしておくといいかもしれません。

　そして、最後の5分間で次のように話をします。「今日の授業はどうでしたか？　楽しかったですか？　大切なのは、全員が目標を達成することです。みなさんがもし希望すれば、またこのような授業をしようと思います」。さらに、B6版ほどの白紙を渡して、気づいたこと、疑問点、意見、感想などを自由に書かせると、きっとさまざまな反応を見ることができると思います。これを次の授業に活かすことができるでしょう。

（菊池篤）

STEP 2 教室、生徒の様子を振り返ってみよう
～次の一手を考えるために

\ 振り返りは授業の改善に欠かせない /

　初めてのアクティブ・ラーニングはいかがでしたか？　教室ではどのようなことが起きましたか？　生徒は楽しそうに学んでいましたか？　にぎやか過ぎて混沌としていましたか？　あまり動かずにじっと課題に取り組む生徒が多かったでしょうか？　もし、授業の終わりに簡単な自由記述をさせていたなら、どんな感想が寄せられたでしょうか？　じっくり振り返ってみましょう。

　また、アクティブ・ラーニングを実践し、生徒の活動の様子を見てみなさんは何を感じ、考えましたか？　これまで見たことのない生徒の様子に感動したでしょうか？　ぜんぜん思うようにいかなかったことに落ち込んでいるでしょうか？　これでいいのかわからずにモヤモヤしているでしょうか？　いずれにしても感情や思考を揺さぶられることがみなさんの授業の改善だけでなく、教師として学び、成長するきっかけになると思います。

\ これまでの授業観との齟齬(そご)はつきもの /

　初めてアクティブ・ラーニングを実践したみなさんがマイナスの感情を持っていたら、本書の序章で「自分の授業観にとらわれないで」と述べたことを思い出してください。もしかしたら、あなたが「よくない」と思うことが、アクティブ・ラーニングでは「よいこと」かもしれません。

94

たとえば、生徒が自由に動き回り、一人ひとりが何をしているのかを把握し切れていないことを「統制がとれていない」と感じ、このままで本当に大丈夫なのだろうかと心配で仕方がないとしたら、「統制をとる」必要性について考えてみてもよいでしょう。

このように、アクティブ・ラーニングとみなさんの授業観には齟齬があるかもしれません。それを理解し、さらにこれからアクティブ・ラーニングを続けていくために、ここからはどのようなポイントで授業を評価し、改善していけばよいかを考えていきたいと思います。

＼ 生徒に率直に聞いてみる ／

ここからはこれまでのような「こうすればよい」というマニュアルはありません。教室の様子は多様であり、みなさんの目の前で起きることは非常に複雑だからです。自分で（または他者とともに）授業を振り返り、今後どうすればよいか考えていく必要があります。それは正に「答えのない問題」に自ら答えを出していくことです。

そうは言っても、授業改善のヒントはあります。まず、一人で悩まずに、誰かに話を聞いてもらうとよいでしょう。一番身近な相談相手は授業を受けた生徒かもしれません。生徒に「この授業スタイルはどう？これからどうすればよいと思う？」と聞いてみるのはどうでしょうか。

多くの教師は生徒のいないところで生徒のことを悩みます。でも、生徒一人ひとりが「よくありたい、成長したい」という思いを持ち、それを原動力に問題を解決する力を生徒集団は持っていると思います。生徒を信じてください。これは、アクティブ・ラーニングを進めていく上で、また教師として生きていく上でとても大切なマインドではないでしょうか。

また、周りには同僚の教師がいます。気軽に授業のことを話せる仲間はいるでしょうか。今後は職員室における教師同士の『学び合い』も必要になっていくでしょう。

（菊池篤）

STEP 3 教師として学び、成長するために
～実践と理論の往還

\ 新たな気づきを得るための深い振り返り /

　教師は日々、授業の計画を立て、実践します。1時間の授業が終わると、「ここの説明はうまくいった」「ここでの生徒の反応はイマイチだった」など、自然と自分なりにその授業の評価をすると思います。

　しかし、多くの場合、ゆっくり振り返り考える間もなく、次の授業へと進まなくてはならないでしょう。

　日々の教育活動を深いレベルで振り返ることは、これまでの価値観や考え方まで問われてしまう苦しさを伴う可能性もあります。しかし、本質的な気づきは、授業を改善するだけでなく、自分の「強み」を理解し、教師としての資質を高める効果があるかもしれません。ここでは、アクティブ・ラーニング実践後の、深いレベルでの振り返り（リフレクション）とその後の授業改善について説明します。

\ 実践だけでは限界がある？ /

　私は「教育学の理論など知らなくても教師はできる」と考えていたことがありました。いまではそれは暴論であったと振り返ります。しかし、そのように思ったのも無理のないことのように思います。大学で学んできたことも、結局は現場の文化的背景やその教師自身の経験が優先されてしまう傾向にあるからです。

　教育現場で働き始めると、大半の仕事は先輩教師から教わったり、授

業を経験しながら改善していったりする中で身につけていくでしょう。このような職場での実践的訓練はOJT（On the Job Training）と呼ばれています。何も知らない初任者の頃に比べたら、ある程度新しい仕事を覚え、授業することに慣れていくことで成長を感じることはできるかもしれません。しかし、実践を重ねながら授業を改善していくことには限界もあるでしょう。教授方法や技術を実践で磨いていくだけでは、成長も頭打ちになってしまうかもしれません。

＼ 実践と理論の往還がよりよい学びのサイクルを生み出す ／

　学問としての教育学はこれまで行われてきた数々の研究から得られた蓄積であるにもかかわらず、その理論が実践の場である教育現場ではほとんど見向きもされていないように思います。それはなぜでしょうか。きっと多くの教師が教員免許を取得する大学生の段階から、教育学の理論と教育実習などの実践をつなぐ経験をしてこなかったからだと思います。

　よりよい学びはどのように生まれるのでしょうか。学んだことを自分のものにするためにはどのような学び方がよいのでしょうか。その１つの答えとして、「理論」と「実践」を乖離させずに橋渡しができるようにすることが挙げられます。学びは実践（経験、体験）によって始まるといわれています。アクティブ・ラーニングを実践したみなさんの学びは既に始まっているといえるでしょう。この実践をこれから振り返ることで、新たな気づきを得ることができるかもしれません。そして、自身で新たな理論を獲得し、その理論に基づいて実践を改善していくのです。このような、「実践と理論の往還」がよりよい学びのサイクルを生み出すといわれています。次のページで紹介するのは、実践と理論をつなぐリアリスティック・アプローチの研究から得られた、授業改善に有効なリフレクションの一方法です。参考にしていただければと思います。

（菊池篤）

STEP 4 教師の学びを促すリフレクション　〜コルトハーヘンのALACTモデル

教師の実践と学びのために

　オランダの教師教育学者コルトハーヘンは教師の実践と教育学の理論の橋渡しをするための「ALACTモデル」というものを提唱しています。いわゆる「PACDサイクル」にも似ていますが、①行為、②振り返り、③本質的な（諸相への）気づき、④新しいやり方の考案、⑤試み（①と重なる）の 5 つの局面を循環することによる授業改善を提示しています。

　とくに私がよいと思うのは、② 振り返りの局面です。

　「何をした？」「どう感じた？」「何を思った？」「何がしたかった？」という問いかけによって教師・生徒両方の視点で振り返ります。可能であれば、対話形式で以下のような表に答えたことを書き込んでいくとよいと思います。

	あなた	生徒
do	①あなたは何をしましたか？	②生徒は何をしていましたか？
think	③あなたは何を思ったのですか？	④生徒は何を思ったと思いますか？
feel	⑤あなたはどう感じましたか？	⑥生徒はどう感じていたと思いますか？
want	⑦あなたは何をしたかったのですか？	⑧生徒は何をしたかったと思いますか？

　書き込んだ表を見ながら次の問いかけについて考えます。

> 1．8つの質問のうち、表が埋まりにくかったのはどの質問ですか？
>
> 2．8つの質問に対するそれぞれの答えの相互の関係はどうですか？
>
> 3．あなたの行為が生徒にどのような影響を与えたでしょうか？
>
> 4．生徒の行為があなたにどのような影響を与えたでしょうか？
>
> 5．あなたと生徒の間にはどのような齟齬があるでしょうか？
>
> 6．学校は生徒にどのような影響を与えていますか？
>
> 7．あなたは学校にどのような影響を与えていますか？
>
> 8．問題は何でしょう？（ポジティブな発見はありましたか？）

　私はこの質問によって、自分と生徒の行動の原因や相互の影響について本質的な気付きを得ることができ、生徒を見る目が変化していきました。

＼ 授業改善のポイント ／

　実践後に以下のような本質的な「問いかけ」について考えることは新たな気づきを得るためにとても役に立つと思います。

> 1．この実践の目的は何でしたか？
>
> 2．その目的は達成されましたか？
>
> 3．どのようなことに注意しましたか？
>
> 4．どのような課題があると思いますか？

　生徒の学びを見取りながら教師自身も学び続ける姿を生徒に見せることが、アクティブ・ラーニング授業の大事なポイントでしょう。ALACTモデルやリフレクションの詳細は、『教師教育学―理論と実践をつなぐリアリスティック・アプローチ』（学文社）、『教員のためのリフレクション・ワークブック―往還する理論と実践』（学事出版）を参照してください。

（菊池篤）

STEP 5 ▶ 教室の様子を見取ろう
～安心感の上にある学び

\ 『学び合い』は方法ではなく考え方 /

　アクティブ・ラーニングを方法として考えていると、もし授業がうまくいかないと思った時に「きっと方法が悪かったからだ」と原因を方法だけに求めてしまいます。多くの教師がそこで思考の落とし穴にはまり、「自分が授業をしたほうがよい」と思ってしまいます。『学び合い』は教育における考え方であり、方法ではありません。以下に述べる内容は、その考え方に基づいた教室や生徒の見取り方の例です。

　ここでも注意していただきたいのは、あくまで例であるということです。最も大切なことは、みなさん自身がアクティブ・ラーニングを実践し、そこで起きたことをしっかり振り返り、「新たな気づき」を得ることです。そして、自らの「学ぶ」体験によって、アクティブ・ラーニングの必要性や生徒たちの将来を自分のこととして捉えられるようになることだと思います。前項で紹介したALACTモデルなどを参考にしながら、自分の体験を理論と結びつけ、教師自身が主体的に学ぶ人となれば、以下の例にとらわれることなく、自身から創造的なアイディアが生まれてくるかもしれません。鵜呑みにせずに読んでいただけると幸いです。

\ アクティブ・ラーニングは学校やクラスのありのままの姿を映し出す /

　みなさんはアクティブ・ラーニングの授業でどんなクラスの姿が見えたでしょうか。賑やかだったり、異常なほど静かだったり、無気力感が

100

漂う空気だったり、妙にとげとげしかったり、さまざまな様子があると思います。

　自分の「生徒の見取り」が正しいと信じる教師は少なくない思います。多くの教師はその見取りを信じて、生徒を指導しています。しかし、目の前に映っている生徒が、本来の姿なのでしょうか？

　たとえば、休み時間の生徒の様子をじーっと観察したことはあるでしょうか。生徒がクラスでどのような人間関係を持ち、どのように振る舞っているのかを知るには、休み時間という自由な時間における彼らの様子を見ることが一番のはずです。高校の教師である私たちは、ほとんど授業時間中でしか生徒を見ていません。

　さらに加えれば、そこで見える生徒の姿は、あなたが教壇に立っている時の姿です。もしかしたら、他の教師の前ではまったく違う姿を見せているかもしれません。しかし、これは至極当然のことだと思います。「先生によって態度を変える生徒はとんでもない」という見方もありますが、大人も接する人によって態度を変えます。つまり、人は利害で態度を変えるものなのではないでしょうか。

　『学び合い』によるアクティブ・ラーニングは、まさに休み時間のような授業です。生徒は、席を移動して好きな場所で好きな人と思い思いに課題の話をしたり、一人で黙々を課題に取り組んだり、中にはまったく関係ないおしゃべりをしたりします。そこに見えるのは、そのクラスのありのままの姿です。教師のあり方によっては、存在感がほとんど消えてしまうくらいに生徒は自然な状態でいられます。それは、普段の学校やクラスの様子を映し出しているといっても過言ではないでしょう。

　「一人も見捨てずに、一人ひとりが大切にされる」ようなクラスは、誰に対してもあたたかく、しなやかで寛容的です。言葉で表現しがたい雰囲気を持っていると思います。それは、教師からにじみ出る「何か」なのだと思います。

　しかし、その「何か」は簡単に言葉にできるものではありません。

（菊池篤）

STEP 6 教員の役割の変化を認識しよう

教室の安心感が最も重要

　高校教師の役割は自分の専門性を授業中にいかに伝え、理解させるかに重点が置かれる傾向にありました。しかし、アクティブ・ラーニングの授業に切り替えていく時に、教師の役割は変わります。対話的な学びを可能にする安心感をつくることが教師のひとつの役割になります。

　教室での不安や気がかりが学ぶ意欲を削ぎ、仲間と関わり合うことへの拒絶につながっているかもしれません。教師も生徒も「安心・安全で快適な教室」づくりを意識して、授業に取り組むことが第一です。

　安心できる場を作るには、言語化できない教師のあり方も関わってきます。それは教師の声、風貌、性格、話す内容などさまざまなところからにじみ出てくるものです。もし、場の安心感が得られていないように感じられるなら、何が原因なのか考えてみましょう。そして、どうすれば安心感を得られるか、自分には何ができるのかも考えてみましょう。

教師は教えてはダメなのか？

　『学び合い』によるアクティブ・ラーニングでは、基本的には教師は生徒に教えません。積極的に生徒に教える姿勢を見せると、仲間との対話が生まれにくくなる可能性があります。しかし、無理に生徒からの質問をはねのけなくてもいいでしょう。

　生徒から質問された場合、「君はどう思う？」や「何でだと思う？」

などのように疑問を投げかけたり、「こう考えるとどう？」や「こんな見方もある」などのようにヒントを与えたりしてもよいでしょう。また、生徒のつまずきやすい課題があった場合は、全体に向けてヒントや疑問の投げかけをしましょう。「教えてはダメ」と自分の頭に刷り込むのではなく、あくまで自然に生徒と対話をして、生徒の理解を深める手助けをすればよいのです。生徒の声も聞きながら、もし講義の希望があれば、時間を区切って講義を入れても、数人で教室の一角に集まってそこでレクチャーをしてもいいでしょう。質問コーナーの時間を作ってもいいと思います。

　ある程度自律的に学ぶ集団であれば、教室では教師の存在感はできるだけ薄い方が、生徒ものびのびと活動できるかもしれません。それによって、教師の影響が少ない中での生徒の様子を見ることもできます。教師の影響が少ない状況は、自律的な生徒集団へと成長するきっかけを多く与えるでしょう。

＼ 個別対応をしてはいけないのか？ ／

　個人よりも集団に対応するとはいえ、それに固執してもよくありません。臨機応変に対応する力は生徒を相手にする教師にはとくに必要でしょう。人との関わりや相手への意思表示を極端に苦手とする生徒が多ければ、個別対応をすることもやむを得ません。

　たとえば、活動時間中に廊下で一人ずつ面談をして、生徒が授業中に何を考えているのかを聞いてみましょう。大変な不安を抱えて学校に来ている生徒もいます。そのような生徒とはまずは信頼関係を作ることです。そのためには、常に相手に敬意を持って接することを忘れてはならないと思います。生徒との信頼関係が作れると、生徒の中にも安心感が生まれます。教師は学習環境がすべての生徒にとって安心できる場所であるかを考える必要があるのです。

（菊池篤）

STEP 7 よくある教師の思い込み

生徒はアクティブにならなければダメ？

アクティブ・ラーニングに取り組むとほかの生徒に関わらない生徒が気になることもあります。しかし、大切なのは、可能な限り内発的な生徒自身の動機によって、生徒が自ら行動を選択することです。そして、生徒の「一人で勉強したい」という気持ちも認めることです。

また、アクティブ・ラーニングを「生徒がアクティブに動く授業」と勘違いしている教師もいます。「身体」がアクティブであることも大切かもしれませんが、「脳」がアクティブに働き、生徒が自ら「学びたい」と思えることが大切です。アクティブ・ラーニングの目的を思い出せば、「生徒がアクティブに動く授業」が本来の趣旨とは異なることはわかるでしょう。

全員達成は絶対なくてはならないものか？

課題の「全員達成」はあくまでクラスの「一人も見捨てない」というマインドを育むための「手段」です。つまり、そのようなマインドが当然のように備わっている学校やクラスであれば、全員達成を求めなくてもよいのかもしれません。いざというときに仲間と助け合えるようなつながりがあるなら、一人で課題に取り組むこともOKなのです。

そればかりか、「全員達成」が逆効果を生んでしまう可能性もあります。それは、全員達成することが一種の同調圧力になってしまう場合です。

たとえば、体育祭が嫌いな生徒がいても、クラスのほとんどの生徒は優勝を目指して一致団結しようとします。すると、体育祭嫌いの生徒はなかなかその集団になじめず、一方でクラスの仲間からは同調圧力や強制力をかけられ、クラス内不和を起こすことがあります。

クラスが「団結すること」より「みんなでみんなが安心できる場を作ること」が大切です。

ある時は「全員達成」を目指し、ある時は自分のペースで坦々と学習を進めていくこともありです。また、可能であれば生徒のニーズを聞き、必要な状況をこちらで作るのもよいでしょう。

モチベーションの低い生徒はどうすればいいか？

これがもっとも教師を悩ませる原因かもしれません。もし、あなたのクラスにもそのような生徒がいたとしたら、その子の気持ちを想像してみてください。

どんなに周りの仲間が関わろうとしても、学ぶことはせず、机に突っ伏して寝ていたり、終始おしゃべりに花を咲かせたりしている。どんなに時間が経っても、月日が経っても学習に気が向かない生徒がいます。みなさんが思いつく限りの可能性を並べてみてください。課題がつまらない、疲れている、モチベーションが上がらない、勉強が嫌い、ほかにやりたいことがある、悩み事がある、学習の仕方がわからない、体調が悪い…など、さまざまでしょう。

この中で、教師が改善できることは何でしょうか。これらの原因はどれか1つとは限らず、複数の要因が複雑に折り重なっている可能性もあります。やる気がなくてサボっているのか、体調が悪くてできないのかなど教師の立場から判断できるでしょうか。生徒本人でさえわからないかもしれません。したがって、何が原因かを突き止め、教師がそれを解決することはできないのです。教師のできることには限界があります。

（菊池篤）

STEP 8 ▶ ▶ ▶ 自分の中の思い込みに気づく

\ 教師は何に縛られているのか？ /

　ここまで読んでくださった方は、たくさんの疑問を持ったかもしれません。それも当然だと思います。これまでの教育観はそう簡単には変えることはできません。さらには、「教師の仕事を放棄しているではないか」と憤りを感じている人もいるでしょう。

　そのような考えに至る原因はどこから来るのでしょうか。つまり、私たち教師は一体何に縛られ、「しなければならない（must）」「するべき（should）」と考えてしまうのでしょうか。

　たとえば、「アクティブ・ラーニングでは教科書の中身が終わらないのでは？」と疑問を持っているとすれば、それは「教科書の内容をくまなく教えなければならない」という思考に縛られているかもしれません。

　最低限の内容を定めている学習指導要領をよく読んでみましょう。すると、学習内容の「幹」の部分がわかり、教科書のどこをポイントに絞ればよいかも見えてくるはずです。主体的に学ぶ生徒であれば、「幹」からさらに教科書に載っている「枝葉」の部分まで理解しようと挑戦するでしょう。そこを生徒に任せてしまっていいのです。

　教師はどうしても教科書から離れたくないものです。しかし、生徒の日常生活や体験、つまり「実践」を学びの入り口として、最終的に「幹」へと近づいていくのでもよいと思います。

生徒を自由にするのがこわい？

「生徒を自由にさせたら何をするかわからない。下手すると学校が荒れてしまう」と思っている人も多いでしょう。「教師は生徒一人ひとりを細かく観察し、指導をするべきだ」と思い込んでいる可能性があります。そもそも、学校が「荒れる」とはどのようなことを指すのか考えてみてください。学校で起こるさまざまな問題の原因はどこにあるのかを考える時、生徒個人に原因を求めてしまう傾向にあります。これではまったく問題の解決にはなりません。残念ながら、これが今の学校で起きている現状です。生徒が問題行動を起こす背景をもっと広い視野で考えてみましょう。彼らが育ってきた環境や社会に目を向けてみましょう。学校での抑圧的な指導は生徒の主体性を育むどころか、人格を捻じ曲げ、無力感を強めてしまっている可能性があるのです。

生徒の「やりたい（want）」「できる（can）」を大切に

私たちが目指しているのは、生徒の主体性です。生徒の「やりたい（want）」や「できる（can）」という内側から湧き出てくる希望を可能な限り実現できるようにサポートすることです。しかしそれは、生徒に迎合することでも、生徒に好き勝手させることでもありません。生徒がやりたいことを見極め、それができる環境をつくることに力を注ぐのです。そして、教師が生徒に任せる目的を明確に伝え、生徒が忘れかけた頃に「目的は何か？」「これでいいのか？」を問い続けるのです。

人は生まれながらに主体性を持つ生物のはずです。ここで述べた「やりたい（want）」「できる（can）」は主体性の出発点です。まずは、学校・教師がこれをつぶさないことです。さらに、学校・教師が生徒の意思を尊重し、失敗を恐れずにやりたいことを実現可能な方へ背中を押せば、生徒はどんどんエンパワーされ、生きる力をつけていくでしょう。

（菊池篤）

STEP 9 ▶ 生徒の変化を
気長に待とう

＼ 1年間の中でクラスの変化を感じよう ／

　1年間通してアクティブ・ラーニングをやっていこうと実践すると、年度当初、生徒はとても楽しそうに活動します。それを見て教師も自信を持ってアクティブ・ラーニングの可能性を見ることができると思います。

　ただし、これを「うまくいった」と自己評価するのはやや早すぎるかもしれません。2、3週間もすると次第に最初の勢いがなくなっていく可能性もあります。

　いままでは大人しく座って、ノートを取っていれば時間が過ぎました。しかし、突然これまでほとんど経験したことがなかった「自ら学習に向かう」という能動性を要するようになり、生徒は戸惑うかもしれません。最初の勢いでうまくいったと思うと、その後の様子を見て教師側も戸惑うこともあるでしょう。

　大切な学びは、生徒が物珍しさを感じている最初の数回ではなく、その後、生徒自身が「本当にこれで大丈夫かな」と思うところから始まります。そして、その後3月の授業が終わるまでにどのような経験や学習をするのかなのです。つまり、1年間という長いスパンでアクティブ・ラーニングを考えるということです。

　おそらく、毎回の授業はいつも通りでありながら、少しずつ生徒同士の人間関係やクラス全体の雰囲気が変わっていくのが感じられるかもしれません。クラスの雰囲気はよいようにも、悪いようにもなると思いま

108

す。どちらにしても生徒にとっては非常に重要な経験です。教師は授業の終わる翌年3月の生徒の姿をイメージしつつ、目の前の生徒たちがどのように変化していくかをよく見守ることが大切です。

　個人の変化やクラスの変化に対して、教師がどうアプローチすればよいか、正解はありません。大切なのは「生徒とともに『授業』を作り上げる」というマインドだと思います。教師が困ったら、素直に生徒に助けを求められるオープンなマインドも必要かもしれません。教師が生徒の上に立っていなければならないという考え方が、教師の仕事を辛く、苦しいものにしてしまっている可能性も十分にあります。

　生徒の態度は教師のあり方で変わるはずです。生徒の態度が悪ければ、もしかしたら、教師の態度のどこかに問題があったのではないかと振り返ることも大切です。1年間かけてじっくり考えながら、生徒と教師の信頼関係を作っていってください。

教師一人、授業1つですべての生徒が変わると思わないで

　ここで少し現実的な話をします。それは、週数時間の授業における、教師一人の影響は微々たるものであるということです。どんなに、自分の授業だけをアクティブ・ラーニングにして、生徒の主体性を育もうとしても、彼らにとっては一週間のうちのほんの数時間なのです。

　たとえば、日々ゆとりのない生徒にとって、みなさんの授業が息抜きの時間になってしまっている時、みなさんはどのように考えるでしょうか。教師の強制力を働かせる必要があるのでしょうか。

　授業をしているのは、みなさんだけではありません。考え方も、授業の方法も多様な先生が学校にはたくさんいます。みなさんは生徒から見れば、たくさんいる先生のうちの一人です。すると私たちが次に考える必要があるのは、もしかしたら職員室での横のつながりなのかもしれません。

（菊池篤）

STEP 10 ▶ 仲間をつくろう、後輩と話そう
～『学び合い』のある職員室に

＼ 一人で悩まないで ／

　アクティブ・ラーニングを実践すると、さまざまな結果が得られます。「うまくいっている！」と自信を持ったり、逆に「ぜんぜんダメだ…」と自信喪失してしまったり、「本当にこれでよいのか？」と不安や悩みを持ったりするでしょう。

　うまくいくと、どんどん自信がもてるようになる一方で「アクティブ・ラーニングは『学び合い』が一番だ。なぜ周りの先生はこれをやろうとしないのか」と独りよがりになってしまうこともあります。

　「ぜんぜんダメだ」と、どんどん自信を喪失し、「他の先生はうまくいっているのになぜ自分だけ…」と孤独感を感じたり、「アクティブ・ラーニングは私には向いてない」と実践をやめるという判断に至るかもしれません。さらに「自分がうまくいかないのは、周りの教師の指導がよくないからだ」「生徒がそもそも勉強をする気がなければ無理だ」と他者へ責任転嫁してしまうと、孤独感はますます増してしまいます。

　これらはすべて主観的なものの見方で、そこには誰一人他者の意見は含まれていません。一人ひとりの見ている世界や、感じ方、考え方は異なります。もしかしたら、自分が悪いと思っていたとしても、他者には悪く映らないかもしれません。一人で悩まず、仲間をつくることで孤独からくる不安感も減ると思います。

近くのアクティブ・ラーニング実践者に見学させてもらおう

　現在、みなさんの学校でもアクティブ・ラーニングを実践している先生はいるのではないでしょうか。可能なら、実践している先生に見学をお願いしてみましょう。教科にこだわらず、教科・科目の壁を越えて授業を見てみると、思いもよらぬところによいアイディアがあったりするものです。また、校外にもアクティブ・ラーニング実践者はたくさんいます。いまはメールやSNSで簡単に連絡が取れる時代です。もし近くに実践者を見つけられなかったら、『学び合い』の会に参加したり、『学び合い』のウェブサイトから、問い合わせてみるのもよいと思います。

この本をデスクに置こう

　集団における「２：６：２の法則」は、集団にはあることに賛成の人が２割、どちらでもない人が６割、反対の人が２割いるという法則です。本当にそうなのかはわかりませんが、生徒集団でも教師集団でも似たような傾向があるという心づもりでいるだけで気持ちが楽になります。アクティブ・ラーニングに関心のある２割とどちらでもない６割は、この本やほかのアクティブ・ラーニング関連の本をデスクに置いておけば、それを見て声をかけてくる人がいるかもしれません。自分の授業をいつでも見学してよいと伝えましょう。読者のみなさんがアクティブ・ラーニングの入り口となるのです。

　逆に、アクティブ・ラーニングに対して否定的な考えを持っている人に、無理に勧める必要はありません。また、意見をぶつけて戦う必要もありません。全員がこの方法に賛成することはないと思ってよいでしょう。みなさんに折り合いをつけられる能力があれば、きっと実践も理解されるはずです。仲間をつくって『学び合い』のある職員室を目指してみましょう。

（菊池篤）

アクティブ・ラーニングは
方法ではない。
教師の腹が成功のカギ

新任の校長が赴任したとします。さて、どれぐらいで職員室の雰囲気が変わるでしょうか？ おそらく数日で変わるでしょう。では、職員集団は何を手がかりに校長を判断するのでしょうか？

皆さんの学校にも、「あの人が言うならば正しいだろう」と思う人はいると思います。その人は人の腹を読むのに長けた人です。そのような人は人の個々の行動の裏にある、その人の行動を決めている考え方を読み取るのです。

そのようなことが得意な人は、集団に2割程度います。その人たちが立ち話の中で情報を交換し、品定めをするのです。かなり正確に読み取ることができます。そして、その人たちが品定めの結果を周りの人に伝えます。そして、周りの人は、それを信じます。それが職員室で起こるのです。

教室での教師は職員室での校長と同じです。同じことが教室で起こっているのです。

人の行動を読める人たち（生徒たち）は、いったい何を見ているのでしょうか？

職員集団がチームになることが大事であることを理解し、集団を動かそうとするか否か、また、職員集団を有能と思い任せるか、職員集団を信じられず、細かい指示を与えるか否かを見ているのです。

職員室の中で管理職に対して、職員から辛辣な意見が飛び交う場合もあるかもしれません。しかし、教室の中ではあなたが管理職であり、職員が管理職を見るのと同じ視線で、生徒たちがあなたを見ていることを忘れてはいけません。

（西川純）

CHAPTER

5

定期考査と
振り返りを活用しよう!

STEP 1 ▶ 考査問題の作成

＼ 授業の「目標」と連動させる ／

　この章では、アクティブ・ラーニング型授業での評価の方法や、授業改善のための授業の分析の方法について説明していきます。まずは、考査問題の作成について考えてみます。

　大前提として、授業の「目標」と連動させることが必要です。たとえば、「酵素の基本的な性質を理解する」ことが授業での目標であったのに、試験では「胃ではたらく消化酵素の名称を答えよ」など、授業でまったく扱っていないような用語を暗記して答えるような問題ばかりを出題してしまったら、生徒のやる気が著しく低下してしまうことでしょう。

　授業のデザインでも書きましたが、授業では「目標」が最初にあり、それを達成するための「活動」があり、その活動を通して目標が達成されたかどうかを見るために「評価」があります。考査は、この「評価」にあたるものですから、「目標」に連動させることは大前提なのです。

＼ 論述形式で「理解」を評価する問題 ／

　それでは、具体的に試験の問題をどのように作成すればよいか考えていきたいと思います。まずは「理解」していることを評価するための問題です。たとえば、先ほどの「酵素の基本的な性質を理解する」ことが達成されたかどうかを評価するにはどうしたらよいでしょうか。いくつかの方法があると思います。

まず、ストレートに「酵素にはどのような性質があるか説明せよ」というような論述形式の問題です。

　この方法は、目標の達成を直接確認できることや、理解したことをきちんと言語化できるかどうかを確認できるというメリットがある一方で、生徒の回答に時間がかかる、あるいは教員が採点を行うのに時間がかかるなどのデメリットも想定されます。そのため、すべての問題をこのような形式で出題することは難しいと思います。

　また、授業中の活動で提示された課題と同内容のものであれば、試験前の「暗記」で解答できることになり、「理解」を正確に評価できていない可能性もあります。

＼ 正誤判定形式で「理解」を評価する問題 ／

　ある内容を理解していることを評価するために、正誤判定形式の問題はとても有効です。先ほどの酵素の例では、こんな問題をつくることができます。

> **以下のア〜オから正しいものを2つ選び記号で答えよ。**
> **ア　酵素の主成分はタンパク質である。**
> **イ　酵素は一度しか反応を触媒することができない。**
> **ウ　すべての生物は酵素を持つ。**
> **エ　光合成に関連する酵素は主にミトコンドリアに存在する。**
> **オ　酵素活性は温度の影響を受けるがpHの影響は受けない。**

　正誤判定形式では、生徒によく見られる誤概念をダミーの選択肢にしたり、正しい選択肢も学んだことの直接の記述ではなく、そこから思考をする必要があるものにしたりすることで、十分生徒の理解の程度を評価できると思います。この問題でいえば、選択肢ウは、「すべての生物は代謝を行う」という理解と、「代謝は酵素によって促進される」とい

う理解とを結びつけて「すべての生物は酵素を持つ」ことが理解できているかを確認しています。

難易度を調節する場合には、たとえば「すべての生物は代謝を行い、この代謝は酵素によって促進されている」というような記述にすることで、選択肢の中で2つの理解をつなげて、それを生徒が確認できるようにします。もしくは直接的に「代謝は酵素によって促進される」というような記述にすることで、かなり難易度を下げることも可能です。

また、時間的に可能であれば、どの選択肢をどれくらいの生徒が選択したのかを分析することができればよいと思います。考査の結果の分析については後ほど詳述します。

＼ 大学入試問題を活用する ／

考査問題作成には、大学入試問題が非常に有用です。ただし、問題の質に関しては玉石混交ですので、教員が授業の「目標」に合わせて適切に取捨選択する必要があります。

とくに大学入試の問題でよいのは、基本的な理解をつなげることで思考させるような質の高い問題も、探せば多く見つかるという点です。このような良題は、一人の教員が作成しようと懸命になっても、なかなかできるものでもありません。既にあるものを活用し、必要に応じて改変することが近道です（ただし、著作権には留意する必要があります）。

これも実際の例を先ほどの酵素の例に関して紹介します。「酵素は基質と出会い、酵素基質複合体を形成し、最終的に基質は生成物となる」という理解から、ある状況における酵素濃度、基質濃度と反応速度の関係を正しく示したグラフを選択させる問題があります。種々の条件や、グラフの縦軸、横軸に何をとるかによって、かなりいろいろなバリエーションが考えられるため、単純な暗記では解答できませんが、それほど発展的な理解が必要というわけでもありません。

別な例では、ある物質を加えた時に、その物質がない時と比べて酵素

の反応速度が落ちたというようなグラフを提示し、その理由を考察させる問題などもあります。これも、基礎的な理解を基に十分考察可能という点で、考査問題として活用可能です。

　ほかに、大学入試センター試験のような多肢選択方式の問題を活用することも可能です。まずは、論述形式に変換してしまう方法です。生物では、実験考察問題を「〜に関してこの実験結果からわかることを説明せよ」のように変換することで論述形式になり、難易度が上がります。また、正誤判定形式の問題で、誤っている選択肢の理由を説明させるように変換してしまう方法もあります。これも、難易度が上がります。

　このような問題は、単に考査問題として活用するだけではなく、授業の課題としても活用可能です。考査は一人で考えなければなりませんが、授業であれば対話によってさまざまなアイデアが出され、一人で考えるよりも理解を深めることができるでしょう。

＼「評価」そのものは目的ではない／

　ここまで、考査問題の作成のアイデアについて紹介しましたが、考査は「評価」の１つの方法であり、それ自体は目的ではないということを確認しておきたいと思います。あくまでも「目標」が主であり、「評価」は従の関係になります。

　さらに言えば、アクティブ・ラーニング型授業の１つの目標は「アクティブ・ラーナー」を育てることです。ですから、教員からの評価によって生徒の学びがコントロールされることは本質的なことではなく、生徒自らが目標と評価軸を持ち、次ページで説明するPDCAサイクルを自らの力で回していけることを目指すことが重要だと考えます。

　このことについても後ほど詳述しますが、「評価」は、大きな目的や目標を達成するための手段であることは大前提として共有しておきたいところです。

（大野智久）

STEP 2 PDCAサイクルとは

\ **PDCAサイクルの概要** /

　考査が終了したら、可能であれば結果を分析し、生徒に提示できるとよいと思います。ここでは、何のために考査結果を分析するのか、またどのようなことについて分析するのかなどについて考えてみようと思います。具体的な話をする前に、まずPDCAサイクルを紹介します。

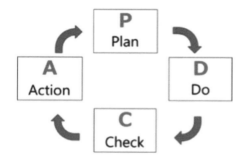

　PDCAサイクルとは、もともとは、工場などの生産・製造の現場で、生産・管理や品質管理などの管理業務を円滑に進めるために導入された手法です。現在では、製造業だけでなく、広く業務プロセスの改善に使われています。最近では、教育の世界でも耳にすることが増えてきました。では、具体的にはどのようなものでしょうか。
　上の図は、PDCAサイクルのイメージ図です。PはPlan（計画）、DはDo（実施）、CはCheck（評価）、AはAction（改善）を意味しています。

これを学習に当てはめて考えてみましょう。

　まず、学習の「計画」を立てます（P）。その計画に基づいて学習を「実施」します（D）。ある時点で、そこまで進めてきた学習がどの程度の成果を挙げているか「評価」します（C）。そこで見えた状況を基に、現状分析をし、「改善」のために思考します（A）。その思考の結果得られたアイデアを、次の「計画」として具体的な形に落とし込んでいきます（次のサイクルのP）。大まかにはこのようなイメージです。

　このPDCAサイクルで、とくに強く意識しておきたいのが、CとAの段階です。これは、研究の世界における「実験結果の整理」と「考察」に対応するものと考えることもできます。

　研究の過程では、ある仮説に基づいて実験計画を立て、実際に実験を行います。その後、必ず実験結果としてのデータの整理があり、それを基に仮説が正しかったかどうか考察します。同様に学習でも、このように学習の成果を把握する段階と、それを基に当初の計画と照らし合わせて考察する段階が必要です。

　また、PDCAサイクルは、目指すべき方向性、すなわち「ビジョン」を意識して回すことが重要です。そうでなければ、PDCAサイクルを回すこと自体が目的化してしまいます。とくにA（改善）の際には、ビジョンを強く意識して思考する必要があります。

＼ アクティブ・ラーナーの育成とPDCAサイクル ／

　アクティブ・ラーニングの目指すものの1つに「アクティブ・ラーナーの育成」があります。私自身は、アクティブ・ラーナーとは、「自らのビジョンに基づいて、PDCAサイクルを回して成長していける学習者」だと考えています。ですから、アクティブ・ラーナーを育成するためには、ビジョンに基づいてPDCAサイクルを回すようなトレーニングが必要なのです。

（大野智久）

STEP

3 : 考査結果の分析

＼ 試験結果を分析するための視点 ／

　先ほど述べたPDCAサイクルにおける、評価（C）と改善（A）のために、考査結果を活用することは非常に有用です。どのようなことか説明していきます。

　一人ひとりの生徒は、考査後に答案が返却され、自分の得点や各問の正誤を見ることで、自分の学習状態についての情報を得ることができます。これが、PDCAのC（評価）にあたる部分です。

　多くの場合、友人との点数の比較の結果、高得点を喜んだり、低得点に落ち込んだりといった状況が見られると思います。しかし、大切なことは、考査で高得点を取ることだけではありません。考査の結果を、自身の学習の改善につなげることが大切です。これはPDCAのA（改善）にあたる部分です。

　また、先ほどのPDCAサイクルの説明でも述べましたが、改善する際には、ビジョンを強く意識することが重要です。そのあたりをもう少し整理しておきましょう。

　アクティブ・ラーニング型授業で目指したい方向性として、教科・科目の深い理解という方向性と、社会人基礎力などに代表される汎用的スキルの獲得という方向性があります。個人の考査の結果だけでは、集団としてどのような結果が得られ、どのような課題が見られるのかを知ることはできません。将来的に「組織として最大の成果を挙げる」ためには、組織の状態を知り、改善していく必要があります。そこで、考査結

果として、以下のような項目を生徒に提示します。

考査結果として提示する項目
①平均点・標準偏差
②全体の分布
③個人・集団の推移
④正答率

　平均点は考査後によく提示される情報だと思いますが、ここに標準偏差を合わせて提示することはあまりないと思います。標準偏差とは、集団のバラつき具合を示すものです。全体の分布については、下の図を使って説明します。

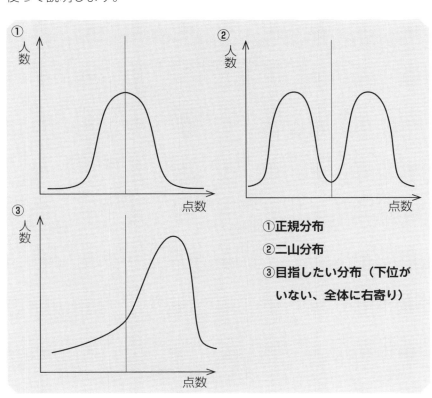

①正規分布
②二山分布
③目指したい分布（下位がいない、全体に右寄り）

一般的に、考査の分布は、図①のような平均点付近の生徒が多く、高得点、低得点者がそれより少なくなる正規分布に近い分布を取ることが多いと思います。

　これに対して、うまく機能していないアクティブ・ラーニング型授業だと、図②のような二山分布になることがあります。これは、授業全体が「自習」のようになってしまい、教員の講義がなくても理解できる生徒はどんどん自分の学習を進めていく一方で、自分一人では理解が進まず、教員の講義によって救われていた生徒の成績が落ちてしまったり、そもそも学習に向かっていない生徒がそのまま放置されてしまうことで低得点者が生まれたりする、という状況です。

　アクティブ・ラーニング型授業では、わからないところは人に聞いて理解を深め、またわかったと思うところは人に説明することでさらに理解を深めることで、集団全体でみんなで向上していくことを目指します。したがって、目指すべき分布は、図③のような、全体が右に寄った分布、すなわち、平均点が上がり、標準偏差が小さくなる、という状態です。

　上記のような視点で集団全体の状況を確認するために、平均点だけでなく標準偏差や得点分布を提示します。また、初めての考査でない場合には、これらの状況がどのように推移したかがわかるようなデータを合わせて提示することもあります。

　一般に、考査は「他人との競争」と考えてしまいがちですし、自分の得点のほかに、集団の状況が開示されても、他人との比較で感情が動くことに終始しがちです。しかし、ここではそのような「他人との競争」ではなく、「どうすれば個人として、集団としてよりよくなれるか」ということを考える材料とします。

　このようなデータを提示するときには、「競争をあおる」のではなく「競争から脱却する」ことを語ることが必要になると思います。

＼ 考査結果の振り返りと改善 ／

　ここに挙げたようなデータを提示して、それだけで終わってしまうと、単に「競争をあおるだけ」になる危険性が高まります。そのため、これとセットで「振り返り」をさせることが重要です。具体的には、授業時間内での学習の取り組みや、考査に向けての学習の取り組みについて振り返らせます。たとえば、下の図のような項目が考えられます。

考査後の「振り返りシート」の項目例
【授業時間内の取り組みについて】
　①授業時間内の取り組みでうまくいったこと
　②授業時間内の取り組みにおける自分の課題
　③上記課題に対する今後の改善策
【考査に向けての学習について】
　④考査に向けての学習でうまくいったこと
　⑤考査に向けての学習における自分の課題
　⑥上記課題に対する今後の改善策
【次回に向けての目標】
　⑦個人としての目標
　⑧集団としての目標

　時間があるようなら、このような振り返りシートの内容を、生徒同士で情報共有する時間を確保できるとよいと思います。

　うまくいったことやうまくいかなかったことを共有し、友人の話をもとに取り組みを改善していくことは、教員が「確立された方法」を提示し、それをそのまま実践させるよりも、生徒の真剣さや、具体的な行動の変容に至る様子などが違ってきます。

（大野智久）

STEP 4 ▶ 授業アンケートの 作成と分析

＼ 授業アンケートをとる目的 ／

　ここまで定期考査の作成と分析について述べてきました。この主たる目的は、生徒自身がPDCAサイクルを回す際の評価（C）と改善（A）に利用することでした。

　それでは、教員が、自身の授業に関して同様に評価・改善を行うにはどのようにすればよいでしょうか。その有効なツールが、先ほどの考査結果の分析と、もう1つ、授業アンケートから得られる情報です。

　定期試験では、「学習した内容がどれだけ定着したか」ということと、「学習した内容をどのように使うことができたか」ということを評価しています。先ほど述べたように、この結果の分析は、その後の学習活動の改善に対してとても大きな意義があります。しかし、「結果が出ていないこと」と「学習の質が低い」こととはイコールではありません。

　大切なのは「これからクラスの学習活動はどうなっていきそうか」であり、そのためには、考査の結果だけではなく、クラスの状態がいまどうなっているのかを適切に見取ることが欠かせません。

　たとえば、A組は1回目の試験でB組よりもかなりよい結果を出したが、2回目で伸び悩んでいて、一方のB組は2回目の試験でもA組には負けたものの、1回目よりかなり成長していることが見えたとします。

　もしかすると、A組は結果はよいけれどクラスの状態がよくないかもしれません。一方、B組は結果はまだ出ていないけれどクラスの状態がとてもよいのかもしれません。そういったことは定期試験の結果と日々

の自分の感覚だけでつかみきれるものではありません。そこで有効なのが授業アンケートなのです。

授業アンケートのデザイン

　授業アンケートはどのようにデザインすればよいのでしょうか。軸になるのは、授業で何を実現したいのか、つまりそれぞれの教員の持つビジョンです。

　それでは、私自身が作成し使用している授業アンケートを例に説明します。

　私は、授業を通じて「多様性の価値に気づき、活用できる」ことを目指しています。また、「与えられるのを待つのではなく、自ら主体的に動ける」ようになってほしいとも思っています。授業は、そのためのトレーニングの場と位置づけています。

　そのようなトレーニングの場として授業が機能するためには、大前提として「安全・安心の場」が成立している必要があります。このようなことをふまえて、次のページのようなアンケート項目を作成しました。

　これらの項目によって、クラスの学びの状態を把握します。教員自身がPDCAサイクルを回す際に、自分の授業がどの程度うまくいっているかどうかを「評価」するための材料（PDCAのC）とするわけです。

　先ほど挙げた各項目は、肯定評価が高いほど自分の目指す方向性に向かっているということがわかります。また、否定評価が高ければ、それを分析することで、どのような点で課題があるのかを具体的に知ることができます。そこから「改善」、つまりPDCAのAにつなげることができるのです。

　ちなみに、以前は「肯定か否定か」をはっきりさせるために「どちらともいえない」という選択肢のない４択でのアンケートを実施したこともありましたが、そうすると「何となく肯定」という層がかなりあり、むしろ正確なデータにならない可能性が考えられました。そのため、現

在では「どちらともいえない」を含む5択にしています。

考査後の「授業アンケート」の項目例

　この授業に関して、以下の1～12の各項目に対して5段階で回答してください。

1：そう思わない　　2：どちらかといえばそう思わない　　3：どちらともいえない　　4：どちらかといえばそう思う　　5：そう思う

　　1　授業に興味・関心・意欲をもって取り組んでいる
　　2　授業の内容は理解できた
　　3　授業を経てこの科目が好きになった
　　4　現在の授業スタイルはよいと思う
　　5　この授業は「安心して学べる場」であると思う
　　6　授業でほかの生徒のために時間を使うことがあった
　　7　授業で、自分は見捨てられることなく学ぶことができた
　　8　ほかの生徒との話し合いの中で、教えてもらって理解が深まることがあった
　　9　ほかの生徒との話し合いの中で、理解したことを説明することで理解が深まることがあった
　　10　授業時間を最大限有効に活用しようと意識をもった
　　11　「与えられるのを待つ」だけではなく、「自ら求めて動く」ような主体的な姿勢を意識した
　　12　「与えられるのを待つ」だけではなく、「自ら求めて動く」ような主体的な姿勢が身についた

以下の図は、1年生の秋、同時期にとったある2クラスの授業アンケートの結果です。

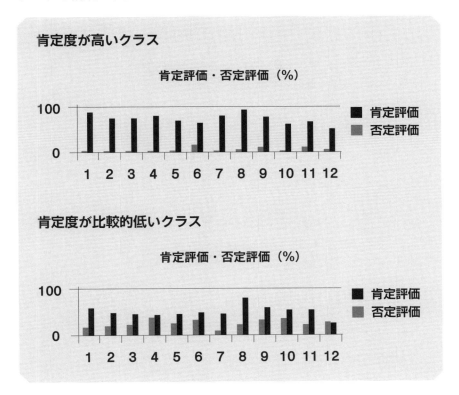

　これを見れば、クラスによって同じ対応をするのではなく、それぞれのクラスの実態に応じた柔軟な対応が必要になることを理解していただけると思います。それでは、具体的にどのような手立てが考えられるのでしょうか。

　たとえば、「講義の時間を少し増やしてあげた方がいいのかもしれない」と生徒の様子を見て思う教師であれば、そのことに関して生徒がどのように考えているのかを知りたくなるでしょう。

　その場合、できる限りデータを取って分析しやすくするために、選択肢式のアンケート項目をつくればよいと思います。実際に私も、次のようなアンケートを実施し、結果を分析しています。

> **授業時間50分のうち、講義はどのくらいあるのがよいか、当てはまるものに○をつけて下さい。**
>   ①なし
>   ②5分未満
>   ③5分〜10分未満
>   ④10分〜25分未満
>   ⑤25分〜50分未満
>   ⑥50分

　講義の時間は長い方がよい、という生徒が多いようであれば、まず不安を軽減するために講義を増やしてみるなど、具体的な改善に結びつけることができるはずです。

　また、グループ分けをどうしたらよいか、ということに関しても、

> **学習のグループ分けについてどれがよいと思うか、当てはまるものに○をつけて下さい。**
>   ①固定の4人グループ
>   ②ランダムな4人グループ（毎時間変える）
>   ③グループを指定しない

というようなアンケートを実施し、クラスの状態を分析しています。

　上記のような選択肢式のアンケート項目は、データ化して、それを基に分析・改善しやすいという特徴があります。

　しかし、それぞれの生徒が抱える不安の中身は、そこに現れてこないものかもしれません。そこで、より個別性の高いさまざまなニーズを拾うために、自由記述欄を設けるのも有効です。

　具体的な授業改善につながった例を紹介します。先ほどの図②のクラスでは、ある程度講義を望んでいることや、「グループ分けなし」より

128

も「ランダムなグループ分け」を望む生徒が多いこと、また、課題プリントの答えが与えられないことで不安を持つ生徒が多いことなどが授業アンケートの結果から把握できました。

　これを受けて、生徒の要望に応じて授業を変えたところ、その後の同じ項目でのアンケートで肯定評価が上がりました。さらに、同時に試験の平均点や分布もとてもよい方向に向かいました。生徒の不安など、実態を把握し、それを材料にして授業を柔軟に変容させていくことにより、学びに向かう姿勢が向上し、内容理解も深まっていくのだと思います。

＼ 授業アンケートを活用した授業改善 ／

　授業アンケートを取ると、教師が感覚的にとらえていた部分を数値でとらえることができます。感覚と一致することもあれば、意外な結果が得られることもあります。

　先ほどの例のように、同じような授業を複数のクラスで展開していても、それぞれのクラスで受け止め方はさまざまであったりします。経験上、「どこでやっても必ずうまくいく理想的な授業」というものはアクティブ・ラーニング型授業では存在しないように思います。

　1つの「型」にこだわるのではなく、生徒の実態に合わせて柔軟に変容し続けるということが、何より重要なことだと思います。そのためのツールとして授業アンケートは有効なのです。

　このように、授業アンケートは、生徒からすれば、自分たちの不安などを直接伝えられる機会になります。その一方で、教員にとっては、自分のデザインした授業がうまく機能しているかどうかに関する情報を得られる貴重なものです。ぜひ、うまく導入していただき、目的に合わせて活用できるとよいと思います。

（大野智久）

STEP 5 「振り返りシート」を活用した日々の振り返り

\ 「授業のまとめ」は教員ではなく生徒で /

　授業のまとめは、これまで教員が行ってきました。しかし、この本で紹介しているようなアクティブ・ラーニング型の授業、とくに単元を丸ごとまかせるような授業では、その時間に学習する内容は生徒によってそれぞれ異なります。

　そこで有効なのが「振り返りシート」によって、生徒ごとにまとめをさせることです。私が現在使用している振り返りシートの項目例は以下の通りです。

> **振り返りシートの項目例**
> ● 日付
> ● 学習内容
> ● 重要だと思った言葉（優先順位の高いほうから3つ）
> ● わかりにくかったこと
> ● 疑問➡予想、気づいたこと、考察
> ● おもしろいと感じたこと、その他の感想

　とくに「重要だと思った言葉（優先順位の高いほうから3つ）」という項目を授業の最後に記入しようとすると、生徒たちは「この時間にどんなことを学んだのか」について個別に振り返りをすることになります。この時、ここに挙げたように「重要度の高いものから3つ言葉を挙げる」

というような活動を入れることによって、学習内容の「幹＝中心となる内容」と「枝＝周辺の内容」を区別する思考が生じます。

　何の指針もなくただ振り返るよりも、学習内容の「幹」が何かを考えながら振り返る方が、内容理解という点で効果的です。そのためにこのような項目を設定しています。

　もちろん、言葉を挙げさせるだけでなく、文章でまとめさせることも効果的かもしれません。これも「目的」が何かがはっきりしていれば、さまざまな方法があってよいと思います。

実際に使用している「振り返りシート」

「授業改善のためのツール」として活用する

　先ほどの「重要度の高いものから３つ言葉を挙げる」項目からは、生徒がどのような言葉を選んできたか確認することによって、どのくらいの進度で学習しているか、その単元をどの程度理解できているかなど、さまざまな情報を得ることができます。

　また、「わかりにくかったこと」という項目も入れてあります。これは、

単純に生徒がどのような内容につまずいているのかを確認するための項目です。

　これらの情報をもとにして、教員は必要な時に必要な語りを入れたり、場合によっては講義を入れたりすることも可能になります。「振り返りシート」は授業改善のための有効なツールとして使えるのです。

＼「問い」をつくるトレーニングを日常的に行う ／

　個人的に振り返りシートの「肝」だと思っているのは、項目例にある「疑問➡予想、気づいたこと、考察」です。とくに、生徒には「よい疑問をたくさん出せるようにしよう」と伝えています。これは、多くの高校生が苦手としている「問題発見能力」のトレーニングとして位置づけています。

　話を聞く時も、テキストを読み込む時も、人と対話する時も、すべて同じだと思いますが、「疑問を持つ（＝問いをつくる）」ということを意識した時に、集中力や理解力が変わってきます。また、「物事を鵜呑みにせずに自分の頭でよく考える」というようなクリティカルシンキングのトレーニングにもなります。

　これを日々の授業の「振り返りシート」に導入することによって、日常的にトレーニングすることができるのです。

＼ いい「問い」を皆で共有し高め合う ／

　生徒が記入した「問い」の中には、とても本質的でよい問いがあります。中には、書いた本人は気がついていないけれど、非常に深いところを突いているものもあります。そうしたものをピックアップし、次の時間に全体の前で紹介しています。後ほど述べるプレゼンテーションの例でも同じですが、生徒たちは教員から言われることよりも、同じクラスの生徒のやることから多くの刺激を受けるようです。

また、それぞれの「問い」について、教員から説明を入れたりもします。教科・科目の内容に興味を持ってもらうために、教員が生徒の興味を引き出せるようなおもしろい「問い」を提示して語ることも多いと思いますが、必ずしも生徒の関心と一致しないようなこともあります。これに対して、生徒が自分たちで出した「問い」に対しての話は、興味を持ちやすいということがあります。また、その「問い」から発展させた新たな「問い」や、発展的な解説をそこに合わせていくと、生徒たちは非常に興味をもって聞いてくれます。

＼ 授業に対する「不安」の中身を知る ／

　項目例の最後にある「おもしろいと感じたこと、その他の感想」についても、いくつかの意図があります。

　1つは、単純に「生徒がどのような内容に興味を持ったのか」を知るということです。先ほどの「問い」の話でも同様ですが、教員がおもしいと思ったところと生徒が実際に興味を持つところはずれていることがあります。自由記述で分析することで、そのような点を知り、生徒の興味・関心を引き出す工夫につなげることができます。

　次に、より重要な点として「生徒の不安の中身がわかる」ということがあります。アクティブ・ラーニング型授業に不安あるいは不満を抱いている生徒は、この部分で率直な意見を書いてきてくれることがあります。それは、時に目を背けたくなるものかもしれませんが、それらと向き合い、授業を「安全・安心な場」にしていくことが、とくにアクティブ・ラーニング型授業の初期段階では重要になります。生徒が自由に意見を書ける「場」を設定する、という点で重要な意味があると思います。

　このように、振り返りシートは、その活用の仕方によって、生徒・教員ともにPDCAサイクルを回していく上で非常に有効な「ツール」になり得るのです。

（大野智久）

評価はどうすれば
いいのか

● ▲ ■ ● ▲ ■ ● ▲ ■ ● ▲ ■ ● ▲ ■ ● ▲ ■ ● ▲

アクティブ・ラーニングにおける評価はどのようにしたらいいのでしょうか？　という質問を比較的よく受けます。私の答えは「今のままで結構です」というものです。質問者は拍子抜けします。しかし、逆に「アクティブ・ラーニング特有の評価をしなければなりません」と私が言ったらどう思われますか？　おそらく「そんな大変なことは続けられない」と思うでしょう。そうです。無理なことをしてはいけません。

さらに言えば、アクティブ・ラーニング特有の評価、たとえば、「どれだけ周りの人と関わったか？」を評価すれば、おそらく子どもたち（とくにクラスをリードする子ども）は関わった「ふり」をするはずです。それは非生産的です。

その代わりに、本書のChapter3や5で紹介したように、今までどおりテストの点数で「クラス」を評価してください。もし、クラスが協働的であるならばテストの「分布」の分散は小さくなります。クラスが主体的であるならばテストの平均点は高くなります。アクティブ・ラーニングでは「分布」に着目してください。

テストの点数を上げるのは比較的簡単です。成績の中、もしくは中の下に合わせたドリル学習をテスト前に繰り返せば上がります。しかし、その場合は成績下位層の子どもは置き去りになります。そして、成績の分布はフタコブラクダになります。

だから、点数分布を見ればそのクラスを評価することができます。それによって、一人ひとりの子どもの評価もできるのです。

（西川純）

CHAPTER

6

探求をさらに深める
アクティブ・ラーニング授業の
可能性

STEP 1 アクティブ・ラーニング型授業と探究活動の関係

＼ 探究活動の重要性とアクティブ・ラーニング型授業 ／

　変化の激しい社会を生き抜く中で、問題発見力・解決力が重要だといわれています。それでは、そのような力をどこでどのように身につけることができるでしょうか？

　それは、教科の学習の中で、それぞれの教科の特性に応じてということになるでしょう。理科の学習においては、課題発見力・解決力の育成のために、探究活動が有効です。

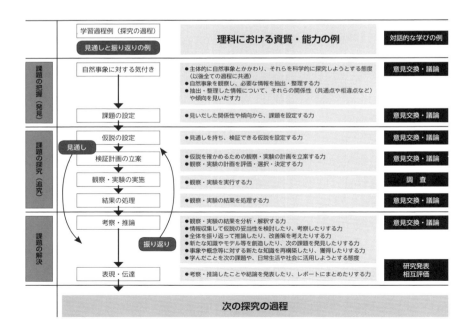

左の図は、平成28年8月の「次期学習指導要領等に向けたこれまでの審議のまとめ」資料からの抜粋で、探究のプロセスが示されています。各項目の右側には、「協働的な学びの例」が示されています。補足説明として、「意見交換や議論の際には，あらかじめ個人で考えることが重要である。また，他者とのかかわりの中で自分の考えをより妥当なものにする力が求められる」とあります。つまり、探究活動は、個人での思考だけではなく、他者との意見交換や議論によって深めていくものであると位置づけられているのです。

　アクティブ・ラーニング型授業では、普段から対話的な学びが重視されています。それを基盤とすることによって、探究活動にも取り組みやすくなります。

　逆に言えば、普段からアクティブ・ラーニング型授業で対話的な学びを取り入れていなければ、他者との意見交換や議論を前提とした探究活動はかなり難しいものになってしまうでしょう。探究活動とアクティブ・ラーニング型授業は密接に関係しているのです。

＼ 探究活動は一部の実施でもよい ／

　本来であれば、図に示された探究のプロセスを最初から最後まで実施するのが望ましいとは思いますが、時間的な制約がある日々の授業の中でそれを行うのは困難です。大きな目的は、生徒に課題発見力・解決力を身につけてもらうことなので、それが達成されるのであれば、必ずしもすべてのプロセスを体験する必要はないかもしれません。

　大事なことは、「全部をやらなければ」と思って探究活動の実践を躊躇するのではなく、「まずは一部でも」と考えて取り組んでみることだと思います。そこで、以降ではアクティブ・ラーニング型授業を基盤として、どのように探究活動を展開するのか、その具体的なアイデアをいくつか紹介していこうと思います。

（大野智久）

STEP 2 「問い」をつくる

＼ すべては「問い」をつくるところから ／

　探究活動は探究のプロセスの一部の実施でもよい、と先ほど書きましたが、具体的にはどの部分をどのように実施することができるでしょうか。もっともシンプルで、かつもっとも重要な活動が「問いをつくる」ということです。これは、大きな目的である課題発見力につながるものでもあります。

＼ 従来の観察・実験を材料にする ／

　「問い」をつくるための探究活動というと、いろいろと難しいことを考えてしまいますが、まずはいままでやってきた観察・実験を材料にすればよいと思います。ただし、観察・実験の「目的」として「問いをつくる」ということを掲げるのです。

　これまでのスタンダードな観察・実験の多くは、すでに学習した内容を実際に確かめ、理解を深めることが主な目的になっています。ですから、観察・実験後の考察は、結果が学習内容を基にした予想と合っていたかどうかが中心になります。

　ここに、さらに「問いをつくる」ことを加えます。もっとシンプルに「疑問を見つけて書き出す」と言ってもよいと思います。

　多くの方はおそらく、「疑問を書き出す」ことも、すでに観察・実験で実践されていると思いますが、とくに意識してもらいたいポイントが

2つあります。

1つ目のポイントは、「問いをつくる」ことを「目的」としてしっかりと掲げるということです。問いは、ただ漫然と観察・実験を行うだけではなかなかつくれません。常に問いをつくろうと意識させることで、さまざまな問いがつくれるようになります。

2つ目のポイントは、議論の中で考えさせるということです。「結果が学習内容を基にした予想と合っていたかどうか」を考える時には、想定される結果があるので、対話を通して発想を広げる必要性はそれほど大きくないと思いますが、問いをつくるような活動では、対話を通して広げる作業がとても効果的です。アクティブ・ラーニング型授業での主体的・対話的な学びを生かすことができます。

＼ 事物もしくは現象を見て考える ／

上記の「すでに学習した内容を実際に確かめてみることで理解を深める」ようなものではなく、問いをつくることのみを目的とした観察・実験を実施するのもよいかもしれません。たとえば、生物では、実際の生物を用意して、それを観察させることで問いをつくるような活動が可能です。

ほかの科目でも、さまざまな事物や現象を生徒に提示し、問いをつくることを目的として活動させることができます。たとえば、「水をミキサーで撹拌すると温度が上がる」「ある色素が溶けた溶液に酸性の液体を加えると溶液の色が変化する」「回折格子シートを通して白色の蛍光灯を見るとさまざまな色が見える」などの現象があります。この現象からさまざまな「問い」をつくることができるでしょう。映像資料などではなく、実際に生徒自身の目で見るほうが、発想が広がりやすいですし、生徒同士の対話も深まりやすいように思います。

（大野智久）

STEP
3 : 探究活動の例：細胞の観察

＼ 「成功」も「失敗」も思考の材料になる ／

　「問い」をつくる活動の１つの例として、生物での「細胞の観察」を紹介しましょう。

　一般的な方法では、タマネギや乳酸菌など、観察の材料は教員が準備し、教員が指示した方法に従って生徒が作業や観察を行っていると思います。

　しかし、これでは、単にある材料が顕微鏡で見えたかどうかが重要で、うまく見えれば「成功」、うまく見えなければ「失敗」ということだけで終わってしまいます。

　そこで、基本的な顕微鏡観察やプレパラート作成の技能を習得した上で、さまざまな材料を自由に観察し、そこから考えるというような実習を設定します。右ページには、実習の目標と課題の例を示しました。

　仮にうまく見えなければ、「なぜうまく見えなかったのか」を考え、仮説を持って検証していくことにつながります。また、「うまく見えた」場合には、それで終わりではなく、それ自体が思考の材料となります。

　とくに、この例では「比較」を材料に「共通点」と「相違点」を見つけ、さらにそこから「問い」を見つけてもらうという設定になっています。

　このような思考の方法によってどんな場合でも、それぞれが「問い」を持ち、その問いに対して新しい観察実験を行うことで解決を試みるような活動につながっていくのです。

目　標

1. 原核細胞と真核細胞を観察し、それぞれの特徴と相違について考察する。
2. さまざまな細胞を観察し、比較することで共通点や相違点について考察する。
3. 観察をもとに「問い（新たな疑問）」と「仮説（それに対する考え）を立てる。
4. プレゼンテーションを経験し、他の班との比較を通じてプレゼンテーションスキルを高める。

課題1　さまざまな細胞を比較することで気づいた「共通点」と「相違点」をまとめよ。

課題2　観察結果を基に、「問い」を可能な限り多くまとめよ。

課題3　最も興味深い「問い」を1つ選び、それに対する「仮説」と、仮説の検証のための「観察・実験」を提案せよ。

課題4　他のグループの発表を聞いて刺激を受けたこと、参考になったことをまとめよ。

＼ 協働的な学びを促す工夫 ／

　この実習には、協働的な学びを促す工夫があります。まず、「観察する材料を生徒自身に考えさせる」ということです。

　どのような目的で、どのような材料を持ってくるのかを考える作業は、一人で行うよりも複数人で対話をしながら行う方が広げやすく、協働的な学びが促されます。

　また、「グループとして成果物を出す」という設定にすることも効果的です。従来のような、「全員が同じ材料を観察する」ような方法だと一人で作業を進めて完了することもできますが、「グループとして成果

物を出す」ということであれば、たとえば4人グループだとすると、さまざまな材料を観察するために4人で相談・協力しながら作業を進める必要が出てきます。「誰がどの材料を観察するか」を役割分担したり、「観察したものから何が考えられるか」を議論したり、そういった協働的な活動が自然と生まれてくるのです。

「選べる」ことがやる気を引き出す

先ほど述べた「観察する材料を生徒自身に考えさせる」ことは、協働的な学びが促されるだけでなく、自分たちで選んだ材料ということで、教員から無条件に与えられたものよりやる気が出るという効果も期待できます。

持ってくるものを自分たちで考えることに対する不安が大きい場合には、教員の方でさまざまな材料を用意し、その中から観察するものを選ばせるだけでも効果的です。「みんなで同じもの」ではなく、「自分たちで選んで決めた自分たちだけのもの」を設定することがやる気を引き出すポイントです。

方法の説明の工夫

細胞の観察では、顕微鏡の基本的な使い方やプレパラートの作成法、酢酸カーミンなどによる染色法など、さまざまな技能が必要です。40人の生徒全員に一斉に指示を出しても、なかなか伝わらないものです。

そこで、たとえば4人グループを10グループ作り、その代表者だけを集めて説明をする方法があります。比較的少人数を相手に説明するので、指示が通りやすいこともありますが、一番重要な点は生徒に「当事者意識」を持ってもらえるという点です。

1対40で指示を聞いているだけだと、生徒はどうしても受け身になってしまいます。しかし、代表者が責任をもって情報を受け取り、グ

ループに指示を出す、という設定にすると、まず代表者の集中度が上がります。

また、グループに戻ってから代表者が説明するときも、教員が説明するより生徒ははるかに集中して指示を聞こうとし、わからないことがあったら、そこですぐに対話が生じて解決に向かいます。もし代表者が何か指示を忘れたり間違えたりしても、代表者どうしで確認し合い解決することもできます。

このように、グループの中に、あえて「役職」をつけることによって、完全にフラットな関係性よりも協働的な学びが促進されることもあります。大切なのは、生徒が「ただ与えられるのを待つ」のではなく、「自ら思考し行動できる」ような環境設定です。

＼ 実際の授業の流れ ／

最後に、50分授業の2コマ連続の場合の実際の授業の流れのモデルを紹介します。

①**グループ分け・代表者決め（5分）**
　※**40人クラスを4人×10グループに分ける。**
②**代表者への説明（10分）**
　※**この間、他のメンバーはこれまでの学習事項（原核細胞、真核細胞の構造など）の確認や、持ってきた材料の確認などを行う。**
③**観察・プレゼン準備（55分）**
　※**途中休憩が入る（観察などを継続してもよい）。**
④**プレゼンテーション（20分）**
　※**1グループ90秒（×10グループ）で質疑はなし。**
⑤**片づけ・提出プリント記入（10分）**

（大野智久）

STEP 4 ： 仮説・実験計画を立てる

＼ 材料・器具のみを用意する ／

　ここまで「問い」をつくる活動を紹介しましたが、「問い」はすでに与えられた状態でも、仮説や実験計画を自分たちで考えるという活動が可能です。

　たとえば、生物の分野では「酵素の性質」を調べる実験があります。温度やpHを変化させる実験を行い、酵素活性にどのような影響があるかを考察するようなものが一般的です。酵素の最適温度や最適pHの学習をすでに終え、それを実験的に確かめるという位置づけで扱うことが多いと思います。

　実験方法も、プリントなどに記して、事前に生徒に説明した上で、実際に生徒が実験を行うという流れが一般的です。

　これを探究的に扱うとすると、既習事項である「酵素の性質」を、自分たちで実験計画を立てて実験的に確かめるような扱いが考えられます。必要な材料や器具等は用意しておき、それを自由に使って自分たちが考えた実験を行い、考察を深めていくのです。

　実験を進めながら、新たな材料や器具が必要になれば、可能な範囲で対応し、自由度をさらに高めることも可能です。逆に、限られた材料や器具のみを使って考察を深めていくことも可能です。

　このように「問い」が教員から与えられており、かつ「仮説」もある程度想定されたようなものであっても、実験計画を生徒が自分で考えるような設定にするだけで、生徒の思考の余地が広がり、探究的な活動を

実現することが可能になります。

　このほかの例として、化学の分野では、たとえば「味以外の方法で食塩水と砂糖水を見分ける」というような活動が考えられます。非常に単純ですが、酵素の実験と同じように、自分たちで仮説を立て、それを検証するための実験を考えて実際にやってみる、という体験が比較的簡単に行えます。

　1つの方法がうまくいったらそれで終了ではなく、できる限り多くの方法を考えるという課題にすれば、生徒たちはさまざまに思考していきます。たとえば、炎色反応の学習を思い出し、それを試してみようという発想が出てきたりします。教員は、安全面に配慮しながら、生徒の発想を形にする手伝いができればよいでしょう。

　ここで挙げたような例でも、今まで行ってきた観察・実験をほんの少しアレンジするだけで探究活動になることがわかっていただけると思います。ただし、対話を通して発想を広げる作業が必要になるので、P137でも述べたように日常的な AL 型授業での経験が重要です。

＼　結果の定量化　／

　実験計画で生徒に意識させたいことがあります。それは、実験結果の定量化です。

　先ほどの酵素反応に関する実験で、たとえばカタラーゼによる過酸化水素の分解反応では、過酸化水素の溶液に肝臓片やジャガイモ片を加えると、酸素の泡が発生します。単に「泡が出た」かどうかだけを確認するのであれば、それは定性的な実験といえます。

　これに対して、実験の結果を数値化し、比較できるように意識すれば、定量的な実験になります。実験結果の定量化は意識してもとても難しいことです。しかし、定量的な思考は理科の実験だけでなく汎用的スキルとしても重要なもので、探究活動を通じて培いたい能力の1つです。

（大野智久）

STEP 5 ▶ 実験手法を基に実験計画を立てる

＼ **実験手法を基に考える** ／

　ここまで、「具体的な事物・現象から問いを立てる」、「問いが与えられた状態で実験計画を立てる」というタイプの探究活動を紹介しました。

　ここでは、「実験手法をツールとして新たな実験計画を立てる」というタイプの探究活動を紹介します。

　たとえば、生物にDNA抽出の実験があります。基本的な実験の流れは、以下の図の通りです。

> ①材料を乳鉢・乳棒でよくすりつぶす。
> ②9％食塩水に中性洗剤をたらしたものに①の試料を入れて混ぜる。
> ③茶こしなどで②の試料をろ過する。
> ④ろ液に冷やしたエタノールを入れる。

　スタンダードな実験としては、ブロッコリーやバナナ、レバーなどの材料を使って、指示された通りに操作を行い、最終的にDNAが抽出できたかどうかを確認するというものです。

　探究的に扱う場合には、まず基本的なDNA抽出の方法を身につけた上で、それぞれに「問い」を立て、新たな実験を行っていくという流れが考えられます。つまり、実験手法を「ツール」として、それを使って何ができるのかを考えるわけです。

大きく３つの方向性がある

　大きな流れとしていくつかの方向性が考えられます。

　１つ目は、さまざまな材料でDNA抽出を行い、比較する中でさまざまな考察を行っていく方向性で、そこから何か新しい発見をしていこうというものです。

　２つ目は、方法の意味を考える方向性で、たとえば「何のために中性洗剤を使うのか」という問いに対して、中性洗剤を用いたものと用いていないものを比較し、考察をしていくようなものです。

　３つ目は、よりよいDNA抽出の方法を模索する方向性で、たとえば新たに加熱処理をしてみるとか、何か新たな薬品処理のステップを加えるなどして抽出されるDNAの量や純度を高めようとするようなものです。

　いずれの方向性でも、それぞれに「問い」を持ち、それを探究しているという点では変わりません。DNA抽出の方法を提示せずに、その方法を考察させるということも、まったくの不可能ではないでしょうが、かなり難易度が高い設定なので、初めに方法を提示することになると思います。しかし、その後の展開をここで紹介したような流れにすることで、探究的に扱うことができるのです。

そのほかのアイデアの紹介

　「DNA抽出の実験」以外では、たとえば下記のような実験の手法が活用可能です。参考にしてください。

　【生物分野】体細胞分裂の観察（細胞の解離・染色の方法）

　【化学分野】混合物の分離（蒸留、ペーパークロマトグラフィーなど）

　【化学分野】中和滴定（ビュレットの使用法）

　【物理分野】記録テープによる運動の記録・分析

　【物理分野】PCとオシロスコープを用いた音の分析

　【地学分野】鉱物の観察

　【地学分野】望遠鏡を用いた惑星の観察

（大野智久）

STEP 6 ▶ 高い成果よりも まずは経験を

＼ 体験から獲得させたい能力 ／

　理科における探究活動というと、どうしてもスーパーサイエンスハイスクール（SSH）で行っている課題研究のような、本格的なものをイメージしがちです。

　しかし、これまでに紹介したような、探究のプロセスを部分的に取り入れるような探究活動も可能であるとわかっていただけたと思います。このような探究活動は、どのような学校でも生徒の実態に合わせてやり方を工夫することで実施可能です。

　すでにご紹介した「社会人基礎力」などの汎用的スキルは、教員から生徒へ一方向的に教えることができるようなものではありません。汎用的スキルは、生徒が実際にさまざまな体験をし、その中で獲得していくものです。ですから、まずはどんな形であっても、生徒自身が探究活動を体験できることが大切です。

　この場合、探究活動の目的は「高い成果をあげる」ことではありません。探究活動は、「科学者育成」のためだけの活動ではなく、万人にとって必要な力をつけるための活動でもあるのです。

＼ 教員の介入は状況に応じて ／

　ここまで普段のアクティブ・ラーニング型授業が基盤となり探究活動が成立しやすくなるということを述べました。普段のアクティブ・ラー

ニング型授業でも、生徒が日常的に「よい問い」を持ち、それを探究していくような体験をしているのであれば、観察・実験での探究活動も、教員の介入をほとんど必要とせずに進めていくことができるかもしれません。しかし、そのような状況は非常に稀です。それでは、教員はどのようにして、どの程度介入すればよいのでしょうか。

　高い成果をあげたい場合には、生徒の考えたさまざまなアイデアに対して教員が指導してよりよいものにしていくということが考えられます。しかし、成果物の質は上がるかもしれませんが、これでは、生徒に「体験から獲得させたい能力」を獲得させることは難しくなるでしょう。

　基本的には、可能な限り生徒に活動を任せることが必要です。その中で、とくに教員の介入が必要になるのは、生徒が強い不安感を持っている状況の時です。

　教員がいくら探究活動の時間を設定しても、そのような活動に慣れていない生徒は、おかしなことを言ったり、おかしなことをやったりして「失敗」することに強い不安感を抱いていることもよくあります。

　その状態で、「自分たちの好きにやっていいから」というだけで活動を任せすぎてしまうと、その不安感ゆえにやる気が著しく低下してしまうかもしれません。

　そのような場合には、生徒の状態をよく見て、「何を不安に思っているか」を把握して、その不安を解消してあげるような介入、支援を行うことが効果的です。

　具体的には、たとえば、与えられた課題に対して、具体的ないくつかの考え方の例を提示することが考えられます。すると、「何をしたらよいかわからない」という不安は解消するかもしれません。あるいは、「あまり難しく考える必要はないのだ」と安心感を与えることができるかもしれません。

　アクティブ・ラーニング型授業の基盤が安心感であるように、探究活動の基盤にもやはり安心感があります。

（大野智久）

149

STEP 7 ：本格的な探究活動

＼ 探究活動での留意点 ／

なかなか実施は難しいかもしれませんが、ここでは探究のプロセスを一通り体験させるような本格的な探究活動の例を紹介します。まず、「観察」から始め、数日～１週間程度でも十分実施可能な例を紹介します。

> 自然や生物の観察を行い、以下の（1）～（7）の内容を盛り込んでレポートをまとめよ。
> （1）観察を行った場所と観察対象
> （2）観察の視点（何に着目し、どのような観察を行ったか）
> （3）観察を基にした問いの設定
> （4）問いに対する仮説
> （5）仮説検証のための観察・実験の計画
> （6）観察・実験の結果のまとめ
> （7）考察

すでに述べたように、探究活動でテーマとなる「問い」を立てるためには、さまざまな事物・現象の観察がとても有効です。そこから得られた気づきや疑問を基にすると、「問い」が立てやすくなります。

テーマとなる「問い」が設定できれば、そこから「仮説」を立てることはそれほど難しいことではありません。次のハードルは、仮説を検証するための具体的な観察・実験を考えることです。とくに意識させたい

のが、「対照実験の設定」と「数値化」です。

　何かを調べたい時には、ある処理を行った実験群の結果だけでは何も言えないため、対照群を設定する必要があります。どのような条件を設定すれば対照群と見なせるのかを考えることは、さまざまな場面で活用可能な汎用的スキルとなります。

　「数値化」は、結果をまとめてそれを基に考察する際に非常に重要です。曖昧に「多かった」という表現ではなく「具体的にどのくらいだったのか」を数値で示すことができなければ、さまざまな条件での実験結果を比較することができません。

　これまで教員に指示された通りに操作を行い、指示された通りにしか結果をまとめたことがない生徒にとっては、この「数値化」はかなり難しいことのようです。しかし、先ほどの「対照実験の設定」と同様に、ある現象をどのように数値化し、比較できるのかという能力は汎用的スキルとなります。探究活動を通じてぜひ獲得させたい力の１つです。

　結果のまとめとして、結果をグラフ化するなどのデータ処理も重要です。棒グラフ、円グラフ、折れ線グラフなどのさまざまなグラフの特徴を把握し、適切に取捨選択できるとよいと思います。また、可能であれば同じ観察・実験を何度か行い、再現性を確かめることも体験させたいところです。

　最後の考察に関して、もっとも重要なことは、自分たちの取ったデータに基づいて考えるという点です。データの根拠がなければ論理的な飛躍が生じることになります。また、それらは仮説を検証するものでなければなりません。

　以上、本格的な探究活動を実施する際のいくつかの留意事項について述べましたが、これらも必須ではなく、生徒の実態に応じてさまざまなやり方があってよいと思います。

（大野智久）

STEP 8 ▶ プレゼンテーションの重要性

＼「教える」のではなく「気づく」ことが大切 ／

　探究活動では、教員が「教える」ことよりも、生徒自身に「体験から獲得させる」ことを重視しています。その学びをさらに深めるために、プレゼンテーションを実施することがとても有効です。なぜならば、プレゼンテーションを行うことで、教員が教えなくても、生徒はお互いの発表の中からさまざまなものに気づくことができるからです。

> **プレゼンテーションを行う際のポイント**
> ● 「わかりやすく」「おもしろく」を意識する。
> ● 「必要なことを詰め込んで話し切る」ことよりも、「本当に伝えたいことをポイントを押さえて伝える」ことを意識する。
> ●聴衆を置き去りにせず、1つひとつの展開を丁寧に行う。
> **プレゼンテーションを聞く際のポイント**
> ●相手のプレゼンに対して「いい疑問」を持つことを意識する。
> ● 「いい部分」は積極的に盗む。
> ● 「どうしたらこのプレゼンはよくなるか」という意識で聞き、建設的な意見をできる限りたくさん出せるよう意識する。

　気づきを促すために、プレゼンテーションを聞く視点を与えることも効果的です。たとえば、上記のような視点を提示しておくと、さまざまな気づきを得やすくなります。

＼「相互評価」と「振り返り」を入れる ／

　プレゼンテーションを行ったら、相互評価の機会を与えると効果的です。たとえば、「よかったと思うプレゼンを３つ選び、どこがよかったか述べる」という課題や、「最低でも５人と情報交換し、参考になった内容をまとめよ」という課題を与えるなどの方法があります。評価をしようとプレゼンテーションを聞くことで気づきが生まれやすくなりますし、他の生徒からの評価から気づきを得られることも多くあります。

　また、それと合わせて「振り返り」の機会を設けることも効果的です。「力を入れたこと、うまくいったこと」「残った課題とそれに対する取り組み」「他の人のプレゼンテーションやレポートで、取り入れたいと思ったこと」などについてワークシートで振り返りをさせると、自分のプレゼンをメタ認知し、さらなる気づきと成長を促すことができます。

＼　１回だけではなく何度も繰り返す ／

　このようなプレゼンテーションの活動で、もう１つ大切なのは、「１回だけ」ではなく「何度も」繰り返すことです。

　プレゼンテーションの「振り返り」をさせると、「次の機会があれば○○したい」というようなことを生徒が書いてくることがあります。「次」がないとそのままで終わってしまうことになりますが、「次」がある状況では、記述内容に変化が見られ、当事者意識が高まります。

　教員の指導よりも、ほかの生徒のプレゼンテーションから得られる刺激や気づき、そして自身の「振り返り」の方が生徒の「変容」につながりやすく、回を重ねるごとに、生徒は成長していきます。

　プレゼンテーションを何度も繰り返し、かつ「振り返り」をすることで、一度だけの「イベント」にするよりもはるかに高い効果が得られるのです。

（大野智久）

読書ガイド

　『学び合い』によるアクティブ・ラーニングを本書では紹介しました。それについて理解を助ける本としては、**『すぐわかる！　できる！　アクティブ・ラーニング』**（学陽書房）、**『アクティブ・ラーニング入門』**（明治図書）、**『高校教師のためのアクティブ・ラーニング』**（東洋館出版社）があります。

　また、今後、生徒たちが生きなければならない社会の状況に関しては、**『2020年激変する大学受験！』**（学陽書房）、**『サバイバル　アクティブ・ラーニング入門』**（明治図書）をご覧ください。そして**『アクティブ・ラーニングによるキャリア教育入門』**（東洋館出版社）で対策してください。

　本書では『学び合い』自体の説明はP32に簡単に示しましたが、詳細は紙面の関係で割愛しました。『学び合い』の詳細を学ぶための書籍も用意されています。まず、『学び合い』の素晴らしさを学びたいならば**『クラスが元気になる！『学び合い』スタートブック』**（学陽書房）がお勧めです。『学び合い』のノウハウを全体的に理解したならば、**『クラスがうまくいく！『学び合い』ステップアップ』**（学陽書房）と、**『クラスと学校が幸せになる『学び合い』入門』**（明治図書）をご覧ください。さらに合同『学び合い』を知りたいならば**『学校が元気になる！『学び合い』ジャンプアップ』**（学陽書房）をご覧ください。

　生徒にそんなに任せたら遊ぶ子が出てくるのではないかと心配される方もおられると思います。当然です。たしかに初期にそのような生徒も出てきます。しかし、どのような言葉かけをすれば真面目になるかのノウハウも整理されています。そのような方は**『気になる子への言葉がけ入門』**（明治図書）、**『『学び合い』を成功させる教師の言葉がけ』**（東洋館出版社）をお読みください。手品のタネを明かせば当たり前のような考え方によって『学び合い』は構成されていることがわかっていただけると思います。『学び合い』では数十人、数百人の子どもを見取ることができ

ます。そのノウハウは『子どもたちのことが奥の奥までわかる見取り入門』（明治図書）をご覧ください。しかし、授業のレベルを高めるには課題づくりのテクニックが必要となります。それは『子どもが夢中になる課題づくり入門』、『簡単で確実に伸びる学力向上テクニック入門』（いずれも明治図書）に書きました。

『学び合い』のノウハウはさまざまな場面でも有効です。

特別支援教育で『学び合い』をするためには『『学び合い』で「気になる子」のいるクラスがうまくいく！』（学陽書房）、『気になる子の指導に悩むあなたへ　学び合う特別支援教育』、言語活動を活性化させるために『理科だからできる本当の「言語活動」』という本を用意しました（いずれも東洋館出版社）。また、ICTの『学び合い』に関しては『子どもによる子どものためのICT活用入門』（明治図書）を用意しました。

また、信州大学の三崎隆先生の『『学び合い』入門　これで、分からない子が誰もいなくなる！』（大学教育出版）、『『学び合い』カンタン課題づくり！』（学陽書房）、『これだけは知っておきたい『学び合い』の基礎・基本』（学事出版）が出版されています。また、水落芳明先生、阿部隆幸先生の『成功する『学び合い』はここが違う！』、『だから、この『学び合い』は成功する！』（いずれも学事出版）があります。また、青木幹昌先生の『成功する！『学び合い』授業の作り方』（明治図書）があります。

日本全国には『学び合い』の実践者がいます。そして、その人たちの会が開催されています。機会を設けて、生の実践を参観し、会に参加されることをお勧めします。

（西川純）

155

編著者紹介

シリーズ編集

西川 純 （にしかわ　じゅん）

1959年、東京生まれ。筑波大学教育研究科修了（教育学修士）。都立高校教諭を経て、上越教育大学にて研究の道に進み、2002年より上越教育大学教職大学院教授、博士（学校教育学）。臨床教科教育学会会長。全国に『学び合い』を広めるため、講演、執筆活動に活躍中。主な著書に『すぐわかる！ できる！ アクティブ・ラーニング』、『2020年　激変する大学受験！』（いずれも学陽書房）、『高校教師のためのアクティブ・ラーニング』（東洋館出版社）、『アクティブ・ラーニング入門』（明治図書）ほか多数。（メールのアドレスは jun@iamjun.com です。真面目な方からの真面目なメールに対しては、誠意を込めて返答いたします。スカイプでつながることもＯＫです）

著者（50音順）

大野 智久 （おおの　ともひさ）

1981年、茨城県生まれ。東京大学大学院総合文化研究科修士課程修了。在学中は松田良一氏に師事。その後、都立高校教諭として勤務、現在に至る。東京都生物教育研究会、日本生物教育会、日本生物教育学会に所属。

菊池 篤 （きくち　あつし）

1985年、茨城県生まれ。東京学芸大学教育学部卒業。在学中は飯田秀利氏に師事。2011年より東京の公立学校に勤務。東京都生物教育研究会に所属。生涯の目標は教育から「一人ひとりが大切にされる社会」をつくること。現在、関心があるのはオルタナティブ教育、シチズンシップ教育、ESD、教師教育など。

※なお、本書の原稿作成にあたり、東京都立新宿山吹高等学校の上平兼功先生、東京都立第五商業高等学校の松本隆行先生の助言を参考にさせていただきました。また、東京都生物教育研究会での議論からも多くの気づきを得て、本書に反映させていただきました。心より感謝申し上げます。

すぐ実践できる！
アクティブ・ラーニング
高校理科

2017 年 1 月 24 日　初版発行

シリーズ編集―――― 西川　純

著　者――――――― 大野智久・菊池　篤

発行者―――――――― 佐久間重嘉

発行所―――――――― 学 陽 書 房

　　　　　　　　　〒 102-0072　東京都千代田区飯田橋 1-9-3

営業部――――――― TEL 03-3261-1111 ／ FAX 03-5211-3300

編集部――――――― TEL 03-3261-1112

　　　　　　　　　振替口座　00170-4-84240

　　　　　　　　　http://www.gakuyo.co.jp/

ブックデザイン／スタジオダンク　イラスト／大橋明子

DTP 制作／越海辰夫　P5 〜 8 デザイン／岸博久（メルシング）

印刷／加藤文明社　製本／東京美術紙工

© Jun Nishikawa 2017, Printed in Japan　ISBN 978-4-313-65310-8 C0037

乱丁・落丁本は、送料小社負担にてお取り替えいたします。

定価はカバーに表示してあります。

> # アクティブ・ラーニングを始めたいあなたへ！
> すぐにできる！ 結果が確実に出る！
> 『学び合い』によるアクティブ・ラーニング！

クラスが元気になる！
『学び合い』スタートブック

西川 純 [編] A5判・並製・148ページ 定価＝本体1,800円+税
ISBN978-4-313-65210-1

現場の先生たちが実践から書いた具体的な実践例と始め方、困ったときのQ&Aまでがわかる1冊！

クラスがうまくいく！
『学び合い』ステップアップ

西川 純 [著] A5判・並製・176ページ 定価＝本体1,800円+税
ISBN978-4-313-65228-6

どんなクラスでもスムーズに『学び合い』が始められ、続けられるノウハウをすべてまとめた1冊！

学校が元気になる！
『学び合い』ジャンプアップ

西川 純 [著] A5判・並製・140ページ 定価＝本体2,000円+税
ISBN978-4-313-65242-2

子どもの対人スキルも学力もみるみる上がる！
合同『学び合い』の始め方がわかる本！

『学び合い』で「気になる子」のいるクラスがうまくいく!

西川 純・間波愛子[編著]
A5判・並製・148ページ　定価=本体1,800円+税
ISBN978-4-313-65269-9

たった1カ月でクラスが変わる!　劇的に「気になる子」を変える『学び合い』の始め方!

なぜか仕事がうまくいく 教師の7つのルール

西川 純[著]　A5判・並製・144ページ　定価=本体1,800円+税
ISBN978-4-313-65235-4

仕事のこなし方、自分のココロザシを実現する方法まで、仕事のルールを伝える1冊!

新任1年目を生き抜く 教師のサバイバル術、教えます

西川 純[著]　A5判・並製・120ページ　定価=本体1,800円+税
ISBN978-4-313-65272-9

仕事をどんどん進める技術、職場で好かれる人になる技術など、新任1年目サバイバル術!

2020年 激変する大学受験! ～あなたの子どもは間に合いますか?

西川 純[著]　四六判・並製・144ページ　定価=本体1,200円+税
ISBN978-4-313-66063-2

2020年にセンター試験廃止!　各大学の受験改革はすでに始まっている! 子どもの教育を考える上で読まずにすまされない必読の1冊!